高校教学质量保障体系建设的理论与实践

吴心怡　张慧　王超峰　著

西安电子科技大学出版社

内 容 简 介

本书系统而全面地介绍了高校教学质量保障体系，梳理了相关概念、基本理论、基本内涵和构成要素以及组成和功能，分享了国外高校教学质量保障体系的建设经验，并从外部和内部两方面对高校质量保障体系的建设进行了深入分析。本书还以苏州大学应用技术学院为例，介绍了该校质量保障体系建设的总体设计、运行机制和建设成效。

本书结构严谨、内容充实、逻辑分明，有较强的专业性、针对性和适用性。本书可作为教育学、管理学等专业本科生的选修课程辅助用书，也可作为科研、政府或市场研究人员的参考用书。

图书在版编目（CIP）数据

高校教学质量保障体系建设的理论与实践 / 吴心怡，张慧，王超峰著. -- 西安：西安电子科技大学出版社，2025. 4. -- ISBN 978-7-5606-7620-3

Ⅰ. G642.0

中国国家版本馆 CIP 数据核字第 2025CY3277 号

GAOXIAO JIAOXUE ZHILIANG BAOZHANG TIXI JIANSHE DE LILUN YU SHIJIAN

策　　划　吴祯娥
责任编辑　吴祯娥
出版发行　西安电子科技大学出版社（西安市太白南路 2 号）
电　　话　（029）88202421　88201467　　邮　　编　710071
网　　址　www.xduph.com　　　　　　　电子邮箱　xdupfxb001@163.com
经　　销　新华书店
印刷单位　咸阳华盛印务有限责任公司
版　　次　2025 年 4 月第 1 版　　　　2025 年 4 月第 1 次印刷
开　　本　787 毫米×1092 毫米　1/16　　印　　张　11
字　　数　183 千字
定　　价　46.00 元
ISBN 978-7-5606-7620-3
XDUP 7921001-1

*** 如有印装问题可调换 ***

前　言

20 世纪 80 年代以来，各国纷纷提出高等教育质量保障相关概念，并积极开展教育质量保障活动，高等教育进入了以提升质量为核心目标的时代，这对我国高等教育的改革和发展产生了深远的影响。进入 21 世纪，中国高等教育事业迎来了前所未有的蓬勃发展。随着国家经济的迅猛发展和社会的全面进步，高等教育正在从精英化教育逐步迈向大众化教育。这一转变为广大学生提供了更多接受高等教育的机会，但随之也产生了一系列的挑战与机遇，其中教学质量问题最为突出。面对该问题，各高校纷纷投入资源建立高校教学质量保障体系。然而，关于如何建立高校教学质量保障体系，大多数高校仍处于探索阶段，存在体系构建不完善或不够规范等问题，在运行过程中也有落实不力的情况。全面、系统、科学地研究、探索和建立高校教学质量保障体系，对保障和提高我国高校的教学质量有着十分重要的意义。

本书共六章。第一章是对高校教学质量保障体系的概述，介绍了高校教学质量保障体系的相关概念、基本理论、基本内涵和构成要素以及组成和功能。第二章对国外高校教学质量保障体系进行了介绍，着重介绍了美国、英国、法国、荷兰四个国家的高校教学质量保障体系模式，并总结了国外高校教学质量保障体系的特点及对我国的启示。第三章对我国高校教学质量保障体系的现状进行了分析，主要阐述了我国高校教学质量保障体系的发展历程、特点、存在的问题，并针对性地提出了改善的策略。第四章为高校教学质量外部保障体系，主要介绍了高校教学质量外部评估体系、教育评估中介机构的特征与运行机制、市场对高校教学质量的调节，以及社会对高校教学质量的监督评价。第五章为高校教学质量内部保障体系，主要阐述了高校教学质量内部保障体系的构建、高校内部教学质量评估、高校教学督导制度以及高校质量文化。第六章以苏州大学应用技术学院为例，介绍了教学质量保障体系建设的总体设计、运行机制和建设成效。需要强调的是，本书介绍的苏州大学应用技术学院质量保障体系荣获 2022 年 CIQA "全国不同类型高校质量保障体系优秀范例选树" 二等奖。

全书写作分工如下：王超峰负责全书的策划和审核；吴心怡负责统稿及修订工作；吴心怡、张慧共同负责本书撰写工作。

为了确保研究内容的科学性、多元性和丰富性，作者在撰写本书的过程中参考了大量文献和图书，在此向涉及的专家和学者表示衷心的感谢。

由于作者能力有限，本书难免存在一些疏漏之处。在此，恳请各位专家和读者朋友批评指正！

作　者

2024 年 9 月

目　录

第一章
高校教学质量保障体系概述

进入 21 世纪，高等教育领域发生了翻天覆地的变化。随着高等教育规模的不断扩大，教学质量保障问题日益凸显。教学质量保障问题不仅引发了高等教育界学者的深思，还引起了社会公众的广泛关注。实际上，建立完善的高校教学质量保障体系，对于提升高等教育品质、培养高校优秀人才、推动社会进步具有重大的现实意义和深远的历史影响。本章将从高校教学质量保障体系的相关概念入手，阐述高校教学质量保障体系的基本理论、高校教学质量保障体系的基本内涵和构成要素，以及高校教学质量保障体系的组成和功能。

第一节 高校教学质量保障体系的相关概念

一、高校教学质量的概念

质量是一个总的概念，教育质量是质量在教育领域的具体应用，高等教育质量是教育质量在高等教育层面的体现，而高校教学质量则是高等教育质量中专注于教学活动的那部分。因此想要了解高校教学质量的含义，应该先了解质量、教育质量、高等教育质量的概念。

(一) 质量

质量这一概念涵盖范围广泛，已渗透至各个领域。对于质量的理解，各种权威的辞书或词典的解释较为丰富但又各不相同。国际标准化组织(International Organization for Standardization)对质量的定义是：一组固有特性满足要求的程度。《钱伯斯词典》将质量定义为"好的等级""优秀"。《韦氏词典》将质量表述为"优秀的程度""性质的优越性"。《牛津英语词典》将质量描述为"事物的优秀程度""总体优秀"以及"高品质"。而《辞海》对质量的解释是:"质量是指产品或工作的优劣程度"。

(二) 教育质量

教育质量是一个历久弥新的话题。自古以来,关于其内涵和外延的讨论从未停止。全球范围内的教育学者和政策制定者都对教育质量问题进行了深入研究,并提出了各自的观点。英国学者戈林(Diana Green)指出教育质量的含义为"卓越成就、完成标准、适于目的、值钱;可变的等多种可能性"。瑞典学者胡森(Husen)认为,教育质量就是"人们期望学校给学生带来的不仅仅局限在认知领域的变化"。西班牙大学委员会认为教育质量就是"整个学校的绩效"。我国著名教育家潘懋元教授认为,教育质量的关键在于能充分发展个人才能以适应社会需求,使学生的能力在原有基础上取得显著提升。《教育大辞典》将教育质量解释为"教育水平高低和效果优劣的程度""最终体现在培养对象的质量上""衡量的标准是教育目的和各级各类的培养目标。前者规定受教育者的一般质量要求,亦是教育的根本质量要求;后者规定受教育者的具体质量要求,是衡量人才是否合格的质量规格"。显然,教育质量并非一个固化不变的概念,而是一个随着社会进步而不断演变的动态概念。

(三) 高等教育质量

1998 年,世界高等教育大会在巴黎举行,联合国教科文组织发表了《21世纪的高等教育:展望和行动世界宣言》,其中包活了高等教育的针对性、质量和国际化三个核心理念。高校视域下的质量概念因高等教育的不同发展阶段、不同视角维度而有着不同的内涵和要义。

不同发展阶段下的高等教育质量观对高等教育质量的内涵产生了不同的影响。高等教育质量应兼顾社会、国家、家庭等利益相关者的需求,同时也要关注学生全面及持续发展的诉求。

(1) "以学习为中心"的高等教育质量观认为,高等教育的核心目标在于人才培养,高等教育质量即人才培养的质量,是学生高品质学习成效的体现。

(2) 过程主导的高等教育质量观认为,高等教育质量并非一个静态的结果,而是一个动态的过程。教育过程主导了高等教育质量,高等教育质量的提升是通过教育过程中的每一个环节、每一个步骤的积累和沉淀来实现的。

(四) 高校教学质量

关于教学质量，学术界从不同的角度给出了不同的界定和解释。高等教育专家曹大文总结了三个比较有代表性的定义：其一是指教育所提供的成果或者结果(即学生在教育过程中所获取的知识、技能和价值观)达到教育目标系统所设定标准的程度；其二是指学生在教育过程中获取的知识、技能和价值观与人类社会和环境条件的需求之间的相关性；其三是指教学过程中，在一定的时间和条件下，学生的发展变化达到预设标准的程度，以及不同的公众对这种发展变化的满意度。南京大学博士生导师冒荣指出，教学质量是指教学过程及成果所具备的，用以评判其是否满足规定标准的全部特征的总和。

高校教学质量体现为在遵循高等教育规律的基础上，整个教学体系各环节协同作用，其过程与成果符合高校人才培养定位和教学目标，同时满足高校"顾客"(学生、家长和用人单位)需求的程度。这里，对质量高低的衡量主要取决于"顾客"的满意度，满意度主要包括三个方面：一是学生对自己德智体美劳发展是否达到预期的满意度；二是家长对学生培养成效的满意度；三是用人单位对高校培养的学生是否满足用人需求的满意度。对于面向社会办学的高校来说，其教学质量由全社会来评判。这样既能促进高校自身的发展、提高教育质量，又能推动实现教育公平、提高国家整体教育水平。

二、高校教学质量的特性和影响因素

(一) 高校教学质量的特性

1. 功能性

高校教学质量的功能性是指其在高校教学过程及教学结果中所发挥的功能和作用。高校教学质量的功能性主要体现在以下几个方面。

(1) 通过高质量的教学，学生的知识储备更加丰富，各项专业技能及综合素质得以提升，从而推动高校人才培养目标的实现。

(2) 通过高质量的教学，家长能更好地对子女进行教育引导，从而提升学生的就业竞争力和创业能力。

(3) 通过高质量的教学，用人单位对人才的需求能够得以满足。

2. 发展性

随着时代的变迁，社会对高校教学质量的要求在不断调整和提升，个人对高校教学质量的期待也在不断变化。为了适应这一趋势，高校必须紧跟社会发展和科技发展的步伐，紧密关注社会需求，通过对教学内容、教学方法、教学评价等方面的改革，调整自身的教育教学策略，不断提高教学质量，以满足社会对高素质人才的需求。

3. 综合性

高校教学质量是一个综合性概念，涵盖了教师的授课水准、学生的学习能力以及高校的管理水平。这三者相互影响，共同构成了高校教学质量体系。在该体系中，学生的综合素养是教学质量的直接反映，也是评价教学质量的重要指标。学生的综合素养不仅体现在学生的学习成绩上，还体现在学生的品德修养、行为规范、学科知识、实践技能、创新意识、社交能力等方面。培养出具有较高素养的学生是高校教学质量的重要体现，也是高校对学生、家长和用人单位的最大回馈。

4. 过程性

高校教学质量的提升是一个循序渐进、持续改进的过程，它体现在教学活动的每一个环节和阶段中。教学质量并非一时一事的结果，而是贯穿于整个教学过程。无论是学生的学习过程，还是教师的教学过程，都需要动态的质量监控。在高等教育领域中，教学质量的提升是一项系统性的工程，需要高校各部门以及全体成员协同合作，对教学活动进行持续的改进和优化，对教学质量进行深入的研究和探索。此外，教学质量的显现也是一个漫长的过程。以高校毕业生的教学质量为例，高校毕业生专业素养和实操能力往往需要在职场中经过数年的实践锻炼才能得以真正显现。

(二) 高校教学质量的影响因素

高校是一个由教师、学生、课堂、教学资源、教学设施、教学环境等诸多因素组成的有机整体。高校教学质量的影响因素可以总结为"人、机、料、法、环、测"。

1. "人"的因素

"人"的因素主要包括教师、学生和高校管理者。

专业的师资队伍是高校教学质量的基础保障。优秀的教师能够运用丰富的教学方法和手段，激发学生的学习兴趣，帮助学生掌握专业知识，培养学生发现问题、分析问题、解决问题的能力。同时，优秀的教师还应具备较高的学术研究能力，以便将最新的科研成果融入教学，为学生讲授前沿的科学知识。除了教师个人的能力，师资队伍的整体情况也是影响高校教学质量的一个重要因素。高校应对其师资队伍进行科学合理的配置，包括优化师资的学历结构、职称结构、学科专业分布、性别比例、年龄层次以及学缘分布等。如此，高校才能组建出专业高效的师资队伍，通过共同开发精品课程资源等形式，形成强大的育人合力，实现教学质量的全面提升。

作为教学活动的主要对象和教学质量的终极体现者，学生在高校提升教学质量过程中具有不容忽视的重要作用。我国能进入高校学习的学生是经过高考严格筛选的。相对而言，这类学生都具备较强的学习和理解能力，多数还怀有炽热的求知欲望。在信息化时代背景下，这类学生可以接触到各类丰富的信息，更加熟悉社会，更倾向于独立思考，更具创新精神。然而，每个学生都是独立的个体，他们在学习过程中会表现出不同的个性、理想追求、学习态度、学习方法、接受能力、勤奋程度等，这会对教学质量产生直接或间接的影响。如何激发学生在教学活动中的主动性，引导他们主动思考并解决问题，是高校提高学生综合素质、培养学生全面发展的关键，也是提升教学质量的重要课题。

高校管理者在高校教学质量方面同样占有举足轻重的地位。他们的教育理念、专业素养、创新意识与管理能力等都对高校教学质量有着重要的影响。校领导作为学校发展的引领者，其各方面能力对高校教学质量的影响尤为关键。优秀的校领导要有清晰的教育理念，能够为高校的教育教学工作提供明确的方向；还需具备较高的专业素养，既能深入教学一线，了解教学实际情况，又能把握教育发展的前沿动态，引领高校教育教学改革。在创新意识方面，优秀的校领导应敢于突破传统教育模式的束缚，积极推动教育教学创新，鼓励教师进行教学方法改革，探索新的教育教学模式，以适应时代发展的需求。同时，校领导还需要具备卓越的管理能力，能够有效地组织和管理高校的各项工作，为教育教学创造良好的环境。在高校教学质量的提升过程中，校领导还要注重团队建设，激发教师的积极性和创造力，注重教师的专业发展；同时，校领导还需加强与家长、社会各界的沟通与合作，形成共同参与教育的合力，为学生提供更优质的教育资源和服务。

2. "机"的因素

"机"的因素主要指教学设施。现代化的教学设施能够提供更好的学习和实践环境，促进师生之间的互动和交流。教学设施对教学质量的影响主要有如下体现。

(1) 教学设施的先进性和完善程度直接影响教师教学的方法和手段。随着现代科技的发展，多媒体教学、网络教学等新型教学方式逐渐普及，这使得教学手段更加丰富多样，也随之影响着最终的教学质量和效果，而这些教学方式的实现需要匹配的教学设施来支撑。

(2) 教学设施对学生的学习兴趣有一定的影响。与时俱进的教学设施更能吸引学生的学习兴趣，激发他们对知识的渴望。

(3) 先进和完善的教学设施可以为教师提供更多的教学资源和支持，有助于提高教师的教学能力和水平。在此基础上，教师可以更好地开展教育教学活动，提高教学质量。

(4) 先进和完善的教学设施可以提高教育管理的效率和水平。通过信息化手段，教育管理部门可以更好地对教学过程进行监控和评估，确保教学质量的稳定提升。

因此，先进、完善的教学设施是教学活动高效开展的基础和保障，提供符合实际需求的教学设施对提高教学质量是非常重要的。

3. "料"的因素

"料"的因素主要指教学内容及其相关的教学资源。教学内容是知识的载体，直接影响着学生的学习效果。内容丰富、结构严谨的教学内容能够激发学生的学习兴趣，提高他们的思维能力。符合时代发展需求、关注学生全面发展的教学内容，有助于培养学生的创新精神和实践能力。合适的教学内容也有助于教师灵活运用各种教学方法，实现教学目标。任课教师在筛选教学内容时需要考虑以下几个方面的因素。

(1) 教学内容与课程体系的适应性。教学内容需与课程体系紧密相连，以确保知识的连贯性和完整性。适应课程体系的教学内容有助于学生建立良好的知识结构。

(2) 教学内容的更新与拓展。随着科学技术的快速发展，教学内容需要不断更新，跟上时代步伐，并具有一定的拓展性，以便教师根据学生的实际情况进行调整，满足不同学生的学习需求。

(3) 教学内容的实践性与应用性。教学内容不能只局限于理论知识，还需注重培养学生的实践能力，使学生能够灵活运用所学知识，将理论与实际应用紧密结合起来，从而在学习与实践中实现融会贯通。

(4) 教学内容与学生认知水平的匹配度。不同生源的学生基础不尽相同，教师在选择教学内容时应充分考虑学生的认知水平，适当调整难度，使教学内容既有利于激发学生的求知欲，又不至于过于晦涩难懂，从而保障教学质量。

需要强调的是，与教学内容相匹配的教材、丰富的图书资料、课程资源库等教学资源，对教学质量也有重要的影响。

4."法"的因素

"法"的因素主要指教学方法。教学方法作为实现教学目标的重要手段，对教学质量有着直接的影响。教师在教学过程中，应根据不同的教学内容，选用不同的教学方法。同时，教师应该关注学生的个性化发展，根据不同的学生选择不同的教学方法，做到因材施教。教学方法对教学质量的影响主要体现在以下几个方面。

(1) 教学目标的实现。合适的教学方法可以最大程度地实现教学目标，因此教学方法的选取应与教学目标相匹配。例如，若要切实培养学生的实践技能，传统的授课模式难以实现此目标，教师就需要探索更具创新性的教学方法。

(2) 学生的学习主动性。有效的教学方法能够激发学生的学习主动性，提高他们的参与度。当学生更积极、更主动地参与学习过程时，他们的注意力往往更集中，思维更活跃，从而能更好地理解和掌握知识。

(3) 知识的传递效果。不同的教学方法对知识的传递效果有显著的影响。例如，教师使用示范讲解、小组讨论、案例分析等多元化的教学方法，可以使知识更全面、更深入地传递给学生，帮助他们更好地理解和记忆知识。

(4) 学生能力的培养。好的教学方法不仅注重知识的传递，还注重学生各方面能力的培养。这些能力包括问题解决能力、批判性思维、创新思维、团队协作等，在学生未来的生活和职业中都非常关键。

5."环"的因素

"环"的因素主要指教学环境。教学环境主要包括外部环境和内部环境。从外部环境来看，社会环境、政策法规和家庭教育等因素，都与教学质量息息相关。尊重知识、重视教育的社会氛围，能够为学生提供良好的学习环境。政府在教育政策上的引导和支持，对于提高教学质量具有积极的推动作用。家庭教育是学生接受的最初教育，其教育质量对学生的性格塑造和价值观培养起到关键性的作用。从内部环境来看，高校的校园文化、学术氛围、管理水平，以及校风、学风等都对教学质量有着深远的影响。校园文化是高校的精神支柱，它彰显了高校的历史、传统、价值观和教育理念。富有特色的校园文化能够激发师生的积极性和创造力。良好的学术氛围有利于培养学生的独立思考能力、批判性思维和团队协作能力，同时也有助于教师提高自身的教学水平和科研能力。高校的管理水平关系到高校的正常运行。高效的管理水平能够维护校园安全稳定，促进高校各项工作的有序进行，为提高教学质量提供保障。校风是高校的整体风貌，体现了高校的价值观和教育理念。良好的校风有利于培养学生的综合素质。学风是学生在学习过程中的态度、方法和习惯，直接影响学生的学习效果和未来发展。

6. "测"的因素

"测"的因素主要是指教学质量监测与评估监管机制。

高校应对内开展教学质量监测，这在提高高校教学质量方面具有重要意义，意义具体如下所述。

(1) 能够及时发现和纠正教学中存在的问题，推动教学方法的改革和创新，提高教学效果。

(2) 有助于提高教师的责任心和工作积极性，促进教师队伍的成长。

(3) 能对教学质量进行全面掌控，确保教育教学质量达到预期目标。

对外，高校应与政府或教育行业的监管部门加强合作，积极参与教学评估，形成评估监管机制，保障高等教育质量得到有效监管。

三、高校教学质量保障体系的含义

(一) 质量保障

自二十世纪八十年代起，随着人们对高等教育质量质疑的声音日益高涨，以及"全面质量管理"(Total Quality Management，TQM)理论的广泛传播，质量保障逐渐成为公众关注的焦点。有关国际组织和权威学者对于教育领域的质量保障较具有代表性的界定如下。

联合国教科文组织认为质量保障是教育系统的审查程序，以确保教育、学术研究达到可以接受的标准，并使基础设施得到维护。欧洲高等教育中心(European Centre for Higher Education，ECHE)发布的基本术语和定义表对质量保障给出的定义为：质量保障是对高等教育体系、院校或专业/项目进行的持续评估(评价、控制、保障、保持和改进)进程。高等教育质量保障机构国际网络(International Network for Quality Assurance Agencies in Higher Education，INQAAHE)将质量保障定义为：质量保障是增进利益相关者信任的过程，保证质量符合预期或举措达到利益相关者的最低需求。质量保障包括输入、过程和结果三个方面。英国高等教育质量委员会(Higher Education Quality Council，HEQC)将质量保障定义为：所有有计划、系统性的活动，使大家确信产品或服务的质量能满足既定需求。

英国学者 Diana 认为，将质量保障运用于高等教育质量管理是强调学生、教师、行政人员以及高校和院系领导都要对高校的教育教学质量负责。我国教育部副部长吴岩根据 2006 版《牛津英语词典》(Oxford English Dictionary)认为，在教育界，质量保障可以被定义为建立各利益相关者对教育的信任的过程，使各利益相关者相信教育供给(投入、过程和结果)能够达到预期或满足最低要求。质量保障可分为外部质量保障和内部质量保障。外部质量保障是指外部主体，即质量保障机构或其他非院校性质的机构，对院校或院校开设的专业/项目的运作情况进行评价，以便确定其是否达到事先已达成一致的标准。内部质量保障是指每所院校或者每个专业/项目为确保完成自己设定的目标，并且达到高等教育的一般标准或是某些专业或学科的特定标准，而制定政策和建立机制。

(二) 高等教育质量保障体系

体系是一个由若干系统构成的更大的系统。《辞海》对体系的定义是："若干有关事物相互联系、相互制约而构成的一个整体"。质量保障体系是指管理者通过运用系统化原理和方法，依托必要的组织结构，将各部门、各环节的质量管理程序、过程和资源紧密整合，构建一个任务明确、责权协同共进的质量管理有机整体。高等教育质量保障体系是指与高等教育质量保障相关的基本要素相互联系、相互制约而构成的一个整体。高等教育质量保障体系是以不断追求教育教学高质量为核心，以培养满足国家和社会需求的高素质人才为目标，在高等教育质量鉴定等活动的基础上出现的现代教育质量评价系统的深化、结构化和体系化。

高等教育质量保障体系可以分为外部质量保障体系和内部质量保障体系两大部分。外部质量保障体系主要由全国性或地区性的专门机构组成，包括政府、用人单位和高等教育领域的专家学者，负责对高校进行高等教育质量的鉴定与评估。内部质量保障体系主要以校内的教师和学生为主体，体现的是一种自我保障，主要承担高校内部的质量保障任务，对高等教育质量实施自我管理和评估。外部质量保障体系和内部质量保障体系两者结合，相辅相成，共同实现高等教育质量保障的功能，促进高校达成教育质量目标。

(三) 高校教学质量保障体系

教学质量保障体系是指为确保"教学质量"满足既定标准而由诸多要素有机组成的措施系统。教育部高等教育教学评估中心将高校教学质量保障体系定义为"学校以提高和保证教学质量为目标，运用系统方法，依靠必要的组织结构，把学校各部门、各环节与教学质量有关的质量管理活动严密组织起来，将教学和信息反馈的整个过程中影响教学质量的一切因素控制起来，从而形成的一个有明确任务、职责、权限，相互协调、相互促进的教学质量管理的有机整体。"

进一步而言，高校教学质量保障体系是在既定的社会条件下，高校以现代人才质量观为指导，以提升教学质量为核心，以培养适应社会需求的人才为目标，结合自身的办学定位和顾客需求，将教学工作的各个环节与校内外相关部门的职能活动有机整合，明确实施质量管理的组织架构、职责分工、标准规范和程序规定，从而对教学质量的影响因素进行有效管理，确保教学活动达到预期目标的一套综合性措施系统。

高校教学质量保障体系作为高校组织管理体系的一个组成部分，其主要职责是在高校的管理架构中，构建一套针对教学质量的系统性、结构化以及持续关注的机制。高校教学质量保障体系是持续变化的，这就要求高校根据社会发展的需求和教育教学改革的要求，及时调整教学理念、方法和手段，始终保持与时代发展同步。高校教学质量体系同样分为外部质量保障体系和内部质量保障体系。图 1-1 所示为高校外部质量保障体系和内部质量保障体系的结构关系。

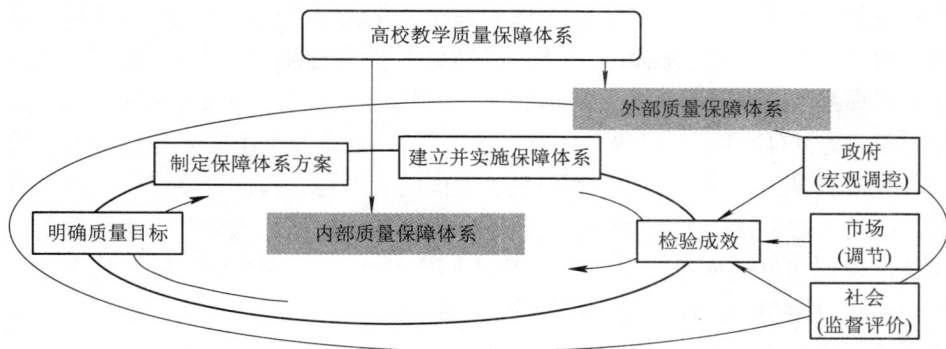

图 1-1 高校外部质量保障体系和内部质量保障体系的结构关系

第二节 高校教学质量保障体系的基本理论

一、高等教育理论

(一) 高等教育学理论

高等教育学理论由高等教育人才质量观、高等教育价值观等部分组成。高等教育价值观主要包含高等教育的本质、属性和功能。高等教育的本质是通过开展有组织、有目的的活动来影响学生的成长和发展，使之成为能够满足社会需求的人才。高等教育的属性是促进学生身心的全面发展，促进社会的进步。高等教育的功能包括培养人才、发展科学和开展社会服务。高校教学质量保障应贯穿教育教学过程的各个环节，以确保人才培养的质量。

(二) 现代大学教学理论

高校教学质量保障体系的建立需要现代大学教学理论作为指导。现代大学教学理论内容丰富，如大学教学思想理论、大学教学原理理论、大学课程理论、大学教学方法论、大学教学手段理论等。这些理论对高校教学质量保障体系的构建具有指导意义。大学教学思想理论强调了教育的目的在于培养具有创新精神和实践能力的高素质人才，教学活动应当以学生为中心，注重启发式教学和探究式学习，从而激发学生的主动性和创造性。大学教学原理理论提出了教学活动应当遵循的教育规律(如因材施教、循序渐进、理论联系实际等)，为高校教学质量保障提供了实施准则。大学课程理论关注课程的设置、组织和实施，强调课程的完整性、连续性和灵活性，以满足不同学生的学习需求。高校通过优化课程体系，提高课程质量，从而提高教学质量。大学教学方法论主张运用多样化的教学方法(如讲授、讨论、实验、实践等)，来激发学生的兴趣和潜能。同时，大学教学方法论还强调教师与学生之间的互动与合作，以促进师生共同成长。高校通过丰富的大学教学方法，不断提高教学质量。大学教学手段理论主要关注现代信息技术在教学中的应用(如网络教学、多媒体教学等)，旨在提高教学的实效性和便捷性，进一步提升教学质量。由此可见，高校教学质量保障体系的构建离不开现代大学教学理论的指导。

(三) 高等教育管理理论

高校教学质量保障是以高等教育管理理论为基础的质量管理工作。高等教育管理是一种有目的的社会实践活动，其过程是各种教育管理方法综合运用的过程。这些教育管理方法包括但不限于系统方法、信息方法和控制论等。系统方法强调将教学系统视为一个整体，要求高校对教学过程中的各个环节进行全面的了解和掌握，从而确保教学目标的有效实现。在信息方法的指导下，高校对教学过程进行全方位的监测，及时了解教学现状，为教育管理者在制定教学策略、优化教学方案时能够提供有力的数据支撑与决策依据。控制论强调对教学过程的实时控制，以确保教学系统能够按照预定的目标正常运行。这些方法的综合运用，可以确保教学系统有序运行，从而保障高校的教学质量。因此，高等教育管理理论也是教学质量保障的重要理论之一。

(四) 教育评价理论

教育评价是教学质量管理的重要手段，它对于保障和提高教学质量具有重要意义。应用教育评价理论和方法，通过对教学过程和成果进行全面、客观、公正的评价，高校可以更好地了解教学现状，发现存在的问题，进而调整和优化教学策略，提高教学质量。

教育评价理论可以分为四个发展阶段(四代)。第一代教育评价理论是从 19 世纪末至 20 世纪 30 年代，也被称为测量时代。第二代教育评价理论是从 20 世纪 30 年代至 50 年代，也被称为描述时代。第三代教育评价理论是从 20 世纪 50 年代末至 70 年代末，也被称为判断时代。第四代教育评价理论是从 20 世纪 80 年代至今，也被称为建构时代。第四代教育评价理论由著名评价专家库巴和林肯提出和创立，一经提出便引发了全世界的关注。第四代教育评价理论认为，评价活动并非一种纯粹的科学过程，而是一种获取事实的过程，这一过程涉及社会、政治、文化、人性等诸多相关因素。第四代教育评价理论是一种发展性评价，加强了对自身的反思，越来越强调多元性、差异性和丰富性，主张"响应""共同建构"以及"协商"。第四代教育评价理论在教育领域产生了深远影响，是高校教学质量保障的重要理论基础。

二、成果导向教育理论

(一) 成果导向教育的内涵

成果导向教育(Outcome Based Education，OBE)是 1981 年由美国学者史派迪(Spady)提出的，它是一种以学生的学习成果(Learning Outcome)为导向的教育理念，强调的是一种以"学生为中心"的教育哲学思想。斯派迪认为，成果导向教育理念是"清晰地聚焦和组织教育系统，使之围绕确保学生获得在未来生活中能促进其成功的实质性经验"。因此，在教育活动开展之前，教育者应当明确规划学生所能达到的学习成果，然后据此设计课程、组织教学、开展评价。成果导向教育的内涵是一切的教育活动和教育过程都应该聚焦于实现预期的学习结果。成果导向教育侧重于评估学生的实际操作能力，而非单纯的知识掌握程度。换言之，成果导向教育衡量的是学生能做什么，而不是学生知道什么，这点是传统教育模式难以企及的。

(二) 成果导向教育的主要内容

成果导向教育起源于 20 世纪 50 年代，美国逐步兴起目标理论、素养本位教育以及精熟学习。作为一种新的教育范式，成果导向教育的内容博大精深。成果导向教育以"所有学习者均成功"为基本原理，其逻辑架构基础是：所有学生都具备独特才能，每个学生都是卓越的，学习过程应基于合作而非竞争，学校应当成为能帮助学生探寻成功之路的教育机构。基于此逻辑架构基础，斯派迪构建了成果导向教育的金字塔结构，即"一个执行范例、两个关键目标、三个关键前提、四个执行原则和五个实施要点"。"一个执行范例"是指在教育活动开展之前，就应有一个明确的目标愿景和框架，构想出学生受教育后能获得什么能力，能够做什么。"两个关键目标"是指为学生构建预期成果蓝图，并为学生营造出有利于实现预期成果的情境与机会。"三个关键前提"是指所有学生均能学习并获得成果，成功的学习能促进更成功的学习，以及学校的各项工作将对学生的学习产生直接影响。"四个执行原则"包括：一是清楚聚焦，关注至关重要的高峰成果；二是向下设计，即从高峰表现出发然后向下规划设计；三是高度期许，期望所有学生都能取得成功；四是拓展机会，增加成功学习的可能性。"五个实施要点"是指明确学习成果、构建课程体系、确定教学策略、形成自我评价、逐级实现目标。

(三) 成果导向教育的特征

(1) 成果导向教育将学习产出作为驱动教育教学的核心动力。成果导向教育以学习产出为核心，强调教育教学活动的目标性和成果性。成果导向教育者应明确界定学生的学习成果，并以清晰的绩效标准作为学生的毕业标准，以最终的学习成果来衡量学生的高峰表现。在教学过程中，课程或教材的设计或选择也应能支撑毕业要求的实现。成果导向教育者还应采取能力导向的教学方法，注重学生的实际输出和能力培养，倡导批判性思考、沟通交流、推理分析、评论反馈，以及实践行动。

(2) 成果导向教育应兼顾生活的重要内容和技能，并注重实用性。成果导向教育强调的是学生受教育后能获得什么能力，能够做什么，因此，教育活动应与真实的生活需求和经验紧密关联。成果导向教育者需摒弃依赖固定课程体系和教材的传统教学方式，转而以学生的高峰成果为依据，构建课程时应紧密结合生活情境，让学生实现跨学科和跨年级的学习。在教学过程中，成果导向教育者要不断融入生活情境，确保学生掌握的实际技能能适应实际生活，并鼓励学生在生活情境中践行所学、学以致用。

(3) 成果导向教育重视合作学习。成果导向教育注重统一、协同教学。教学过程中，成果导向教育者应鼓励学生进行团队合作，积极为学生营造合作学习的情境，最后的评价也需兼顾团队和个人表现。学生在合作学习情境中共同探讨问题、交流想法，并解决问题。通过这种方式，学生不仅可以充分挖掘自身潜能，还可以学习到团队成员之间的沟通、协调和合作能力。这不仅有助于提高学生的学习效果，还有助于培养他们的团队精神和领导能力。

成果导向教育自创设以来，受到国内外教育学界的追捧，并在全球范围内快速发展。2016 年，在我国成为《华盛顿协议》正式会员后，成果导向教育理论也伴随着我国工程专业认证的发展而成为影响高校发展与改革、保障高校教学质量的重要理念。

三、全面质量管理理论

全面质量管理(Total Quality Management，TQM)是 20 世纪 60 年代出现的

现代质量管理理论和方法，是继质量检验阶段、统计质量控制阶段后质量管理理论发展的最新阶段。

(一) 全面质量管理理论的概念

1961 年，美国通用电气公司总裁费根堡姆(Feigenbaum)在《全面质量管理》一书中首先提出了全面质量管理的概念，即"全面质量管理是为了能够在最经济的水平上，并考虑充分满足用户要求的条件下进行市场研究、设计、生产和服务，把企业内部各部门研制质量、维持质量和提高质量的活动构成一体的一种有效体系"。全面质量管理(TQM)理论在提出后，逐渐得到了世界各国的认可，并得以广泛传播。这一理论经爱德华·戴明(Edwards Deming)、约瑟夫·朱兰(Joseph Juran)等质量管理专家的传播，逐步形成了一个丰富的理论体系，并逐渐成为了以质量为核心、综合且全面的管理理念和模式。

(二) 全面质量管理的工作方法

全面质量管理的工作方法依据为"PDCA 循环"。"PDCA 循环"是由美国质量管理专家沃特·阿曼德·休哈特(Walter A. Shewhart)首先提出的，由戴明采纳、宣传后获得普及，所以又称"戴明环"。PDCA 循环的含义是将质量管理分为四个阶段，即 Plan(计划)、Do(实施)、Check(检查)和 Act(处理)，并周而复始地进行。PDCA 循环可分为 4 个阶段，8 个步骤，如图 1-2 所示。

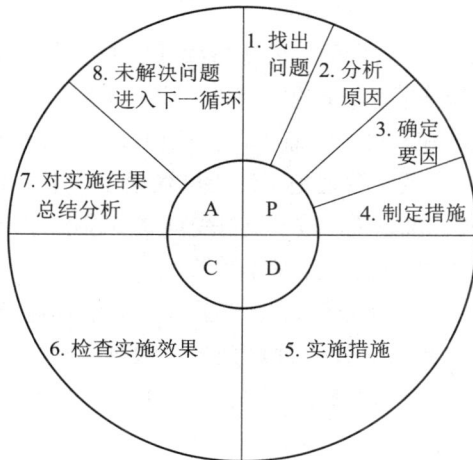

图 1-2　PDCA 循环图

(1) 第一个阶段为计划(Plan)阶段，实施者在计划阶段需要确定方针和目标，并制定活动规划。这个阶段一般要经过四个步骤，一是通过现状调查，找出存在的质量问题；二是针对找出的问题，分析导致问题出现的可能原因；三是确定其中主要的原因；四是制定解决问题的措施计划。在制订计划时，需要反复考虑并明确以下几个问题：为什么要制定这些措施(Why)、制定这些措施要达到什么目的(What)、什么时候实施(When)、在哪里实施(Where)、由谁来实施(Who)，以及用什么方法来完成(How)。这六个问题归纳起来就是原因、目的、地点、时间、实施者和方法，亦称为"5W1H"问题。

(2) 第二个阶段为实施(Do)阶段，实施阶段只有一个步骤，即实施措施。

(3) 第三个阶段为检查(Check)阶段，检查阶段也只有一个步骤，即检查实施效果，将实施结果与预计的目标进行对比分析。

(4) 第四个阶段为处理(Act)阶段，处理阶段分为两个步骤：一是总结分析，对行之有效的措施和方法予以肯定，总结成文，形成标准；二是针对尚未解决的问题，查找原因，制定相应的整改措施，并反映到下一个循环中去。

(三) 全面质量管理的基本特征

全面质量管理的基本特征可以概括为"三全一多样"，具体如下所述。

(1) 全员参与。全员参与是指质量管理活动需要全体组织人员一起参与，所有人都要建立质量意识，明确自己的责任和权限，各司其职，紧密协作，形成一个高效、有序的质量管理工作体系。

(2) 全过程管理。教学质量的形成是持续开展的所有活动的最终结果，每一个环节和步骤都会对最终的质量产生影响。因此，要用科学的方法监控每一个环节，形成贯穿工作全过程、可实时监控、环环相扣、持续优化的质量保障闭环。

(3) 全要素管理。全要素管理是指在质量管理活动中要对影响质量的所有因素实行监控。针对高校内部来说，教学质量受到众多因素的影响，如教学计划、教育观念、教学资源、教学手段、管理体系等。

(4) 方法多样性。全面质量管理融合了管理科学理论及技术，为组织提供了一种全新的质量管理理念。在管理过程中，通过广泛、灵活地运用多样的现代管理方法和技术手段来解决质量问题，可提高质量管理的效率和效果。

(四) 卓越绩效模式

卓越绩效模式(Performance Excellence Model)是当前国际上广泛认同的一种

综合的组织绩效管理方式，其本质是全面质量管理的标准化、规范化和具体化。《卓越绩效评价准则》中对"卓越绩效"的定义是："通过综合的组织绩效管理方法，使组织和个人得到进步和发展，提高组织整体的绩效和能力，为顾客和其他相关方创造价值，并使组织持续获得成功。"从企业管理到高等教育质量的提升，卓越绩效模式都为其组织指导工作和战略制定提供了有效、科学的评价体系。

卓越绩效模式包含九大核心理念，分别为远见卓识的领导、战略导向、顾客驱动、社会责任、以人为本、合作共赢、重视过程与关注结果、学习改进与创新，以及系统管理。具体如下。

(1) 远见卓识的领导。具有远见卓识的领导应当对组织的使命、愿景和价值观有着清晰的认识，并能够引导全体员工共同努力，共同实现组织的发展策略与目标。

(2) 战略导向。整个组织的管理活动应该以明确的战略为导向，确保组织能够长期稳定地发展。

(3) 顾客驱动。顾客驱动是以学生的需求与期望作为改进教育教学的质量标准，并建立良好稳定的师生关系。

(4) 社会责任。社会责任是指组织在决策活动中对社会所产生的影响承担责任，推动社会的全面发展。高校是为社会培养人才的重要基地，因此其肩负着巨大的社会责任。

(5) 以人为本。以人为本是指视员工为组织之本，将员工的利益放在首位。在高校中，教职工是主要的员工，因此高校应切实保障教职工的合法权益，并不断提高教职工的满意度，以此来推动高校的高效管理和教育教学的高质量发展。

(6) 合作共赢。合作共赢体现为组织内部门与部门之间，以及人与人之间的交流合作，也体现为组织与外部相关方的交流合作，多方建立战略联盟与合作伙伴关系，共同创造价值。

(7) 重视过程与关注结果。组织在评估的过程中，既要重视过程，又要关注结果，从而确保结果能够符合组织的战略目标。

(8) 学习改进与创新。高校是特殊的知识密集型学习型组织，与企业一样的是其都需要将知识管理战略作为一种有效支撑。因此高校及教职工都要通过不断获取新的知识技能来促使自身不断发展。

(9) 系统管理。系统管理是指将组织看成一个有机整体，通过科学、有效的方法来提高组织管理的有效性。

卓越绩效体系包括七个方面，即领导，战略，顾客与市场，资源，过程管理，测量、分析与改进，以及结果，如图 1-3 所示。

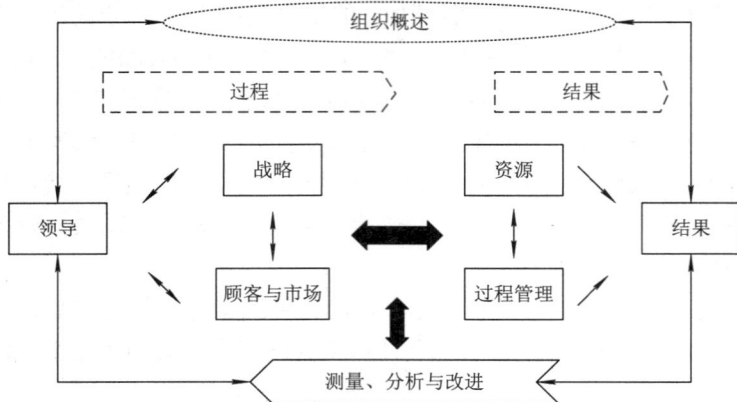

图 1-3　卓越绩效体系架构图

　　从图 1-3 可以了解到，组织概述对于明确组织架构具有指导意义，是整个卓越绩效体系的顶层纲领。过程与结果之间存在密切关联，即过程是为了实现结果，结果是过程的产出。领导、战略、顾客与市场共同构成相关作用的三角关系；资源、过程管理、结果构成另一个相互作用的三角关系。前者犹如组织发展中的驱动装置，为组织提供前进动力；后者则扮演着从动性装置的角色，负责为组织把握正确的方向。此外，测量、分析与改进旨在为组织发掘改进空间和创新路径。

　　由此可见，全面质量管理是一个大范畴的概念，既是一种管理哲学，也是一种有效的管理手段。全面质量管理理论对高校教学质量保障有着深远的影响，推动着高校教学质量保障体系发展壮大。因此，全面质量管理理论也是高校教学质量保障体系的重要理论依据之一。

第三节　高校教学质量保障体系的基本内涵和构成要素

一、高校教学质量保障体系的基本内涵

　　建立高校教学质量保障体系是高等教育改革的一个重要组成部分，旨在运用系统的理念和方法，通过管理、评价等多种手段，不断提高人才培养质量。高校教学质量保障体系的基本内涵主要体现在以下几个方面。

(一) 以"顾客"需求为导向

教学质量保障不仅应注重教育产品或服务达到预期的目标，还要关注、分析和满足"顾客"的需求和期望。"顾客"的需求和期望共同构成了教育市场，高校依赖于顾客需求的存在而发展。因此，必须充分理解并尽力满足"顾客"当前以及未来的需求。这里所说的"顾客"是指高校的相关利益者，包括学生、家长，以及社会、政府和用人单位。

(二) 以诚信教育为根本

教学质量保障不仅应保障教学质量，还应该在供需双方之间建立信任关系，开展诚信教育，让每一位教师和学生都深刻理解和践行诚信价值观。诚信教育不仅体现在教学过程中，还体现在高校的管理、服务及其与社会的互动中。高校为社会输送的不仅是人才，更是一种责任和信任。高校要始终坚持诚信办学，树立责任意识、品牌意识和自我约束意识，用高质量的教学满足国家、社会及个人的需求，赢得国家和社会各界对高校的信任与信心。

(三) 坚持预防为主的质量管理理念

坚持预防为主的质量管理理念是质量管理工作的核心要求。预防为主的质量管理理念强调事前的规划和控制、过程中的监控和调整，强调运用科学的方法和先进的技术进行全面质量管理。高校应将坚持预防为主的质量管理理念贯穿于教学和服务的全过程中，实行全方位、全过程的质量控制。

(四) 重视质量文化建设

质量文化指在高校内部形成的关于教育教学质量的理念、价值观、制度、管理模式等，包括教育教学理念、教学质量目标、教学过程管理、教学评价机制等多个方面。质量文化是高校质量保障的有机组成部分，是高校教学质量保障体系的灵魂。质量文化以一种内在的、潜移默化的力量引导和激励教师不断提高教育教学水平，促进学生全面发展。

二、高校教学质量保障体系的构成要素

高校教学质量保障体系是由若干个相互关联且相互作用的要素构建而成的

有机整体。高校教学的整体质量取决于每一个要素的质量水平。当各个要素都达到高质量，并通过有效的机制进行优化组合时，高校教学的整体质量便得以提升。高校教学质量保障体系的构成要素主要包括：保障目标(为什么要保障)、保障主体(谁来保障)、保障客体(保障什么)、保障方法(如何保障)，以及保障实施载体。目标、教师、学生、教学方法、教学资源、评估中介、支持服务、政府、社会等是构成要素的具体表现。

(一) 保障目标

保障目标是指高校教学质量保障的目的，即"为什么要保障"。保障目标为质量保障工作提供了明确的方向。保障目标是否设定及其达标情况是高校教学质量保障体系是否合理有效的重要衡量指标之一。保障目标的主要表现形式有以下三种。

1. 宏观目标

宏观目标是一种官方指标，即在当前高等教育政策下，国家教育主管部门对于高校办学的一种正规陈述。我国高等教育的目标是所有高校共同追求的总目标，各级各类高校的培养目标即为宏观目标，这些宏观目标对高校的办学起着规范、引导和控制的作用。

2. 中观目标

中观目标是一个高校根据国家的宏观目标和高校的实际情况所设立的具体实施目标，是高校认同的真实意愿。中观目标具有实践性，对高校的办学具有直接的指导意义和重要的激励作用。

3. 微观目标

微观目标是高校为达成中观目标、完成工作任务而设的具体指标，其具有可操作性。微观目标往往带有明确的工作流程和工作标准，对高校的工作具有评估、反馈和调控的作用。

(二) 保障主体

保障主体是指教学质量保障活动的组织者和实施者，解决"谁来保障"的问题。高校教学质量保障的主体日益多元化，已不再是单一的主体，而是所有的利益相关方，包含高校、政府和社会等。各个保障主体分工合作、相互配合、协调互助、形成合力，共同参与高校的教学质量保障。

在各个保障主体中，高校在整个保障体系中处于基础地位，因此高校的自我评估至关重要。教学活动作为一种发生在高校内部的专业性行为，涉及教师、学生和管理人员。教学质量的改进与提高是一种被激发的内生力量，而非外部干预，只有当教师、学生或者管理人员自发认可质量保障措施时，质量保障才能发挥实效。政府和社会等其他保障主体开展的质量保障活动属于外部评估，其作用是为高校的自我改进提供持续、稳定的支持，确保高校能在一个良好的制度环境中关注教学活动的质量。

(三) 保障客体

保障客体是指高校教学质量保障活动所指向的对象，也可以理解为保障的具体内容，即"保障什么"。高校教学质量保障体系保障的是高校的教学质量。教学质量是一个内涵丰富、复杂多面的概念。为确保教学质量，人们将所有与教学质量相关的因素都整合在了一起，作为保障对象并予以关注和研究。高校的教学质量主要体现在人才培养、科学研究、社会服务等活动过程中。因此，这些活动过程和结果也自然成为高校教学质量保障的重点关注对象。在高校教学质量保障体系中，各保障客体之间相互关联、相互影响，只有确保每个保障客体的质量，才能真正实现高校教学的整体质量提升。

(四) 保障方法

保障方法是指高校教学质量保障主体为促使客体达到保障目标而采用的工具、手段与措施，即解决"如何保障"的问题。值得注意的是，在质量保障活动中，既要关注如何选择合适的质量保障方法与技术，也要关注如何运用这些质量保障方法与技术来达到保障目标。高校教学质量保障方法主要有投入支持、立法约束、政策引导、制度传导、评价监督、信息反馈、激励惩戒、舆论影响和质量文化影响等。这些方法各有侧重，但其都是为了确保高校的教学质量。投入支持是指通过加大教学资源的投入，为确保教学质量提供物质保障。立法约束是指通过法律法规来规范教学行为，确保教学活动的合法性和合规性。政策引导和制度传导是指通过制定相关的政策和管理制度，引导和规范教学活动的开展。评价监督即对教学过程进行监控，对教学成果进行评价。信息反馈是指将评价结果进行合理反馈，以便根据反馈结果来调整教学方法和策略。激励惩戒是指通过奖惩机制，激发教师和学生的积极性、主动性和创造性。舆论影响是指通过社会舆论对教学质量进行监督和评价，促使高校更加重视教学质量。质量文化影响是指通过建设高校质量文化来影响高校质量管理活动，从而影响高校的教学质量观。在实际操作中，高校应根据自身情况，合理运用这些保障方法，确保教学质量保障活动发挥作用，实现保障目标。各保障方法的合理运用和科学实施是保证高校教学质量保障活动有效性的基础与前提。只有采用全面、综合、科学的高效教学质量保障方法，才能确保高校教学质量。

(五) 保障实施载体

高校教学质量保障的实施载体主要是指信息。信息是体系有效运行的根本保证，是体系的"能源供给"，可确保保障体系有序运行。在高校教学质量保障体系中，信息是各要素相互联系和影响的纽带和桥梁，各要素通过信息的传递而有机地联系起来，相互作用，共同影响运行状态和结果。信息如同血液一样，给体系供给营养和能量，支撑整个保障体系的运行。通过信息的共享、交流、反馈、整合，保障主体不断选择、运用、改进和创新保障方法，保障和促进客体朝着既定的目标发展，最终实现质量目标。总而言之，信息在高校教学质量保障体系中发挥着至关重要的作用。只有确保信息的畅通、高效和及时更新，才能确保教学质量的不断提高。

第四节　高校教学质量保障体系的组成和功能

一、高校教学质量保障体系的组成

高校教学质量保障涉及面广、环节繁杂，在质量保障体系的具体运行过程中，高校必须协调各个部门按照一定的程序和规则将各个要素有机整合，才能使高校的质量保障工作有条不紊地进行。构建高校教学质量保障体系，关键在于设定合理的质量目标，建立科学的质量标准，以及健全有效的教学管理与质量保障机制等。高校教学质量保障体系主要由互相联系的若干个子系统构成，即教学质量领导与管理组织系统、教学质量目标系统、教学质量标准系统、教学资源建设与管理系统、教学过程管理系统、教学质量信息反馈与改进系统，以及教学评估系统。

(一) 教学质量领导与管理组织系统

一个健全、完整的高校教学质量保障体系，首先要有教学质量领导与管理组织系统。这个系统由多个层面的人员构成，包括校领导、职能部门领导、二级学院领导、教师代表和企业代表等，他们共同负责教育教学管理各个层面的工作。具体来说，教学质量领导与管理组织系统中的决策机构主要由校长办公会和教学指导委员会组成，其主要职责是明确办学指导思想及质量目标，构建并实施高校教学质量保障体系，制定有关保障和提高教学质量的重大政策和措施等。教学质量领导与管理组织系统的职能机构是教务处，其主要负责高校教学工作的组织、协调和运行管理，以及人才培养规划和专业建设规划等工作。教学质量领导与管理组织系统的基层机构为各个二级学院。二级学院作为高校内部的办学实体，承担着高校具体的教学工作。教学质量领导与管理组织系统的监督机构是质量与评估办公室。质量与评估办公室是一个独立的监督机构，其职责是保证教学质量管理与监督两线并行，在校内能够行使独立地第三方监控与评估的职能。

(二) 教学质量目标系统

高校要实施教学质量保障，必须设定明确的质量目标。在教学质量保障体系中，质量目标贯彻和体现着教学质量工作的宗旨与方向，是教学质量保障体系的"龙头"。因此建立完善的教学质量保障体系，首要任务是确立高校的教学质量目标，并科学地执行目标管理。

教学质量目标系统的主要职责包括明确高校的办学定位、高校人才培养的总目标，以及各专业人才培养的具体目标，涉及人才培养目标定位、人才培养模式、人才培养方案、学科专业改造和发展方向等诸多方面。高校应首先明确办学定位，据此来确定人才培养的总目标和各专业人才培养的具体目标。人才培养目标需契合高校的办学定位，满足学生全面发展的需求，满足政府、社会对人才的需求。各专业人才培养的具体目标则是对高校人才培养总目标的具体化，具有可操作性。

1. 高校的办学定位是构建教学质量目标系统的根本依据

科学合理的办学定位是高校适应社会政治、经济、文化发展的必然要求，也是高校面向社会行使办学自主权的基础。办学定位是高校确定人才培养总目标、构建教学质量目标系统的根本依据，只有明确了办学定位，高校才能有的放矢地进行人才培养。在发展过程中，各类高校需明确自身的办学定位，面向社会找准生存发展空间，坚守办学理念和特色。办学定位对高校具有统领和引导作用，引导高校的改革与发展方向。办学定位在宏观层面上可以概括为高校的办学指导思想和办学理念，为高校的办学规模、办学层次与形式、办学类型与类别等方面提供方向性的选择。

2. 人才培养总目标是高校教学质量保障体系建设的出发点和归宿

人才培养总目标是对人才培养质量的根本要求，是高校教学质量的总目的和预期结果。这一目标是全校范围内的教学质量目标，同时也是教学质量管理及提升教学质量的根本指向。人才培养总目标应得到高校每一位成员的认同，激发全校师生员工为之共同努力。人才培养总目标的确立过程是：全面考量人才培养的定位与服务方向，紧密融合时代特征和社会对人才的实际需求，进而展开科学合理的分析与论证。这一过程旨在确保目标设定既能符合教育规律，又能有效对接社会发展的需求。

3. 专业培养目标是高校教学质量保障体系建设的基本依据

专业培养目标是各专业根据高校人才培养总目标，对本专业人才培养标准所做的具体阐述。专业培养目标涵盖了本专业人才培养对知识结构、能力结构和素质结构的基本要求，是高校优化人才培养方案和设置课程体系的基本依据。科技的迅猛进步促使各行业对人才的需求呈现出多样化的态势。鉴于此，高校在制定专业培养目标时，必须深刻洞察行业发展趋势，并紧密结合人才市场的实际需求，以确保所培养的人才具备强大的竞争力，成为各领域需要的专业人才。

(三) 教学质量标准系统

教育部原部长陈宝生曾强调："要以质量为纲，把标准建立起来，把责任落实下去，强化评估工作。"教学质量标准是为了提升教学质量及实现人才培养目标，对教学和学习等方面制定的质量规范。教学质量标准是教学质量保障体系的核心内容，是高校所有教学工作的根本要求。教学质量标准主要包括以下三方面的内容。

(1) 教学过程质量标准。该标准主要针对教学工作的各个环节以及学生的学习过程，提出规范且合理的要求。这个过程包括了教学目标的设定、教学内容的安排、教学方法的选择、教学进度的控制，以及学生的学习指导等。

(2) 教学效果质量标准。该标准主要是以人才培养为目标，从知识、能力、素质等方面制定出一套可观测的评价标准。该标准旨在考察课程教学的实际成效，评估学生是否达到了预设的学习目标。通过对教学效果的评价，教师可以了解教学过程中的优点和不足，为进一步改进教学策略提供依据。

（3）教学基本条件标准。该标准是对教学活动所需要的硬件条件和软件条件规定的标准，包括了师资队伍建设、教学经费投入、实习实训条件等内容。

教学是否达到了相应的标准可以从以下三方面的满意度来进行评估。

（1）学生满意度，即学生对教学内容、教学水平、教学环境，以及通过教学过程对知识获得、能力培养、素质提升效果的满意程度。学生满意度的高低直接反映了教师的教学质量的好坏程度和教学方法的适用程度。

（2）社会满意度，即用人单位、家长等社会公众对高校毕业生的满意程度。社会满意度不仅关系到高等教育的社会认可度，也影响着高校毕业生的就业前景。提高社会满意度需要高校在培养人才过程中，注重理论与实践相结合，强化职业素养教育，使毕业生能够更好地适应社会需求。

（3）其他利益相关者对高校教学工作的满意度。其他利益相关者包括校内外管理人员、教职工、校友等。他们对高校教学工作的满意度反映了高校整体教学运行的状况。

在遵守国家高等教育法规政策的前提下，高校应结合自身的办学传统、办学定位和办学特色，制订适合本校实际和学生发展要求的教学质量标准，这具有重要的现实意义。

（四）教学资源建设与管理系统

高等教育的质量依赖于物质资源与办学条件，因此教学资源建设与管理系统是教学质量保障体系运行的基础，为整个体系的运行提供了有力的支撑。在教学过程中，高校所占有并能够有效利用的教学资源是开展教学活动的必备条件。缺乏必需的教学资源，就无法培养出高质量的人才。教学资源建设与管理系统主要由人事处、教务处、财务处、科研处、后勤与资产处、信息化中心和图书馆等部门组成，各部门各司其职、紧密合作，共同为提高教学质量提供人、财、物等条件保障。

教学资源建设与管理主要包括师资队伍建设与管理、教学经费投入与管理、教学设施建设与管理、教学基本建设、教学改革与研究、产学研合作平台与机制建设等。

（1）师资队伍建设与管理包括教师的引进和培养、教师的考核与奖惩机制。其质量要求为：师资队伍建设要有规划、有措施、有成效；师资队伍数量与结构要合理，师德师风优良，能够满足人才培养的需要；建立完善的教师聘任、考核和奖惩机制；明确主讲教师资格的认定等。

(2) 教学经费投入与管理包括四项经费(本专科业务费、教学差旅费、体育维持费、教学仪器设备维修费)占学费收入的比例及其使用情况。其质量要求为：确保学生人均教学经费投入达到教育部的相关规定，以满足教学的需要；教学经费的投入和使用应合理、公开、透明。

(3) 教学设施建设与管理包括教室、实验室、语音室、图书馆、体育设施和校园网等教学条件的建设与管理。其质量要求为：确保各类教学设施能正常运转，以满足教学要求。

(4) 教学基本建设包括专业建设、课程建设、教材建设等。其质量要求为：专业建设应有明确的规划和目标，人才培养方案科学合理且符合专业定位，有一定数量的品牌专业、特色专业；各专业设置的必修课程应达到合格标准，主干课程追求优秀，有一定数量的国家级、省级精品课程；有规范的教材出版和选用制度，有一定数量的高质量自编特色教材和校企合作教材。

(5) 教学改革与研究包括教学内容、教学方法、考试方法等的改革与研究。其质量要求为：教学改革与研究成果应对教学形成良好的引领与支撑作用。

(6) 产学研合作平台与机制建设包括高校与地方及企业联合办学、共建研发机构或实验室，互相提供技术咨询或服务等。其质量要求为：有合作规划；有深度合作模式；有一定数量的纵向和横向课题；科研平台建设、科研成果产出和产学研发展等有助于推动教学改革和提高教学质量。

(五) 教学过程管理系统

教学过程管理系统由教务处、学生工作处、招生就业处和各教学单位组成。该系统的职责包括人才培养方案管理、招生工作、日常教学管理、学生工作管理、第二课堂管理、就业工作管理等。教学过程管理系统本质上是对教学活动的各过程和各环节进行管理。

(1) 人才培养方案管理包括人才培养方案的制定、修订等。其质量要求为：培养计划制订、审核、执行以及后续的修订工作科学规范、符合专业定位，体现人才培养的目标要求。

(2) 招生工作包括招生计划制订，招生宣传、录取，以及生源质量分析。其质量要求为：招生计划制订程序规范、合理，符合高校实际和社会对人才的需求；招生宣传效果好，程序规范；生源质量高。

(3) 日常教学管理包括教学计划的执行与教学任务的落实，理论与实践教学的运行管理等。其质量要求为：教学管理制度完善；教学计划执行有力；教学秩序稳定有序，课堂教学质量好；教学档案规范、齐全。

(4) 学生工作管理包括学生日常管理，思想政治教育，学风、考风建设等。其质量要求为：学生服务与管理工作措施明确、执行高效，能激发学生学习热情；重视学风、考风建设，并取得较好成效。

(5) 第二课堂管理包括课外科技文体活动、社团活动等。其质量要求为：课外科技文体活动丰富，学生参与率高，有助于培养学生的创新意识、提高学生的综合素养；社团管理规范有序，社团活动贴近学生的学习和生活，体现以学习为主的原则。

(6) 就业工作管理包括市场需求分析、就业措施与效果、应届毕业生的就业率和就业质量、毕业生跟踪调查分析等。其质量要求为：就业指导与服务工作思路清晰、措施严谨、成效显著，就业率高，就业质量好。

(六) 教学质量监控与评价系统

教学质量监控与评价系统主要由教务处、质量与评估办公室和各教学单位组成。该系统是对教学各个环节的质量实施监测的重要系统，包括教学质量监控和教学质量评价两个子系统。通过教学质量监控，高校可以获取翔实、准确的教学数据和信息。这些数据和信息是进行教学质量评价的重要依据，可以帮助高校教师和管理者深入了解教学实际情况，找出存在的问题，从而有针对性地进行教学改进。同时，教学质量评价的结果可以帮助高校判断其内部教学保障体系的运行状况，确保教育教学质量的稳定提升。

(1) 教学质量监控是指制订严密的操作程序，收集教学条件、教学过程、教学结果等教学信息，对教学活动全过程进行监控，以确保教学质量达到预设目标，并持续推动教学质量稳步提升的循环进程。教学质量监控系统是高校以保证和提高教学质量为目的，对教学过程各环节进行监督和控制的工作体系，包含教学目标监控、教学过程监控、教学资源监控等。构建并高效运作教学质量监控系统，可以显著提升高校教学管理工作的科学性和合理性。

(2) 教学质量评价是指督导专家、领导、教师同行、学生等对课堂教学、实践教学及其他教学活动开展的水平和效果按照指定的评价标准进行评价的过程。评价过程中，督导专家、领导、教师同行和学生各有侧重。督导专家和领导主要从教学目标、教学内容、教学方法、教学资源等方面进行评价。教师同行主要关注教学过程中的学术性、创新性和实用性。学生侧重于对教学过程中的学习体验、知识获取和能力培养进行评价。各方人员共同参与，确保教学质量评价的全面性和客观性。教学质量评价对保障教学质量、促进教师专业发展、提高学生综合素质、优化资源配置、提高高校管理水平、增强社会信任度，以及为教育决策提供依据等方面具有重要的意义。

(七) 教学质量信息反馈与改进系统

教学质量信息反馈与改进系统涵盖教学质量信息反馈和教学质量改进两大核心部分，旨在针对教学过程中出现的问题进行调整与优化，确保教学质量达到预期目标。高校质量管理人员在质量评价的基础上，将评价结果及时、准确地反馈给相关的部门和人员，使他们对照检查并进行整改，从而达到质量标准，实现质量目标。

(1) 教学质量信息反馈是一种现代化管理的重要手段，通过收集、分析并分类反馈教师教的信息、学生学的信息和教学管理等信息，高校可以全面、及时地了解教育教学过程中的优点和不足，以便后续针对性地进行调整和改进。一般来说，一个组织在决策中会大量地运用两类信息：一类是一般信息；另一类是反馈信息。信息反馈是决策执行结果的反馈过程，是决策执行效果向决策者的回传，是决策进一步修正的信息来源。信息反馈要求准确真实、迅速快捷、信息全面、通道顺畅。教学质量信息的反馈形式也是多种多样的，包括高校教学质量信息的正反馈与负反馈、纵向反馈与横向反馈、前反馈与后反馈等。

(2) 在教学质量改进环节，高校会根据反馈信息及时研究并制定具体的改进措施，弥补教学质量的短板，以实现教学质量目标，确保高校的教育质量达到预期水平。

(八) 教学评估系统

教学评估是评价、监督、保障和提高教学质量的重要举措，对教学改革及人才培养质量具有甄别、导向、激励和调控作用。教学评估本质上是政府、市场和社会对高校实施宏观调控的一种重要手段，同时也是高校自我审视办学质量的重要方式。只有充分发挥各方的积极作用，不断完善评估制度和方法，不断优化评估体系，才能推动高校教学质量的持续提升。

二、高校教学质量保障体系的功能

高校教学质量保障体系的功能可分为对外功能和对内功能两方面。从对外功能来看，高校教学质量保障体系主要承担公开承诺功能和自我证明功能。从对内功能来看，高校教学质量保障体系主要承担质量文化引领功能、诊断与调控功能、信息集成与发布功能，以及约束与激励功能等。

(一) 对外功能

1. 公开承诺功能

高校教学质量保障体系的运行首先要求高校在充分考虑社会需求、自身条件及发展愿景等因素的基础上，确立一组教学质量保障目标，涵盖办学理念、高校定位以及人才培养目标等。这些目标应公开透明，这被视为对社会的一种承诺。

2. 自我证明功能

自我证明功能是以公开承诺功能为基础的。高校作为自主办学、自我负责的主体，外部监督总会存在一定程度的被动性。高校需要主动开展自我证明来获取外部的认同，这种自我证明不仅体现在结果上，还体现在教学质量保障的规范建设和有效的运行过程中。高校通过主动与外部进行实质性的信息互动，向外展示自我教学质量保障的设计与实施，使外部主体见其所备、见其所行，对高校最终产出的教学质量具有较强的信心，赋予高度的信任。

(二) 对内功能

1. 质量文化引领功能

质量文化是指在高校内部形成的关于教育教学质量的理念、价值观、制度、管理模式等。高校教学质量保障体系的建设，对于高校内部的全体教职员工和学生而言，具有质量文化引领的深远意义。通过明确的质量标准、严格的评估程序和有效的改进措施，高校质量保障体系促使全校师生员工共同关注质量问题，形成追求卓越、注重实效的质量意识和质量文化氛围。这种质量意识和质量文化氛围贯穿高校教育教学、科研创新、社会服务等各个方面，成为推动高校持续发展的内在动力。

2. 诊断与调控功能

诊断与调控功能是高校教学质量保障体系非常重要的一项功能。高校教学质量保障体系通过全面的质量监控与评估，能够及时发现教学过程中存在的问题与不足，从而进行准确的诊断。在诊断出问题后，高校教学质量保障体系能够迅速启动调控机制，这种调控是全方位、多层次的，既包括对教学计划、课程设置等宏观层面的调整，也包括对教学方法、教学手段等微观层面的改进。值得注意的是，高校教学质量保障体系的诊断与调控功能是相互依存、相互促进的。没有准确的诊断，就无法进行有效的调控；若没有及时的调控，诊断出的问题就无法得到妥善的解决。

3. 信息集成与发布功能

在高校教学质量保障活动的实施过程中，评价、反馈与改进是核心工作环节。这些工作开展的基础在于整合教学各个环节，教师、学生及管理部门等多方面的信息，实现教学质量的全面监控与评估。在信息集成方面，高校充分利用现代信息技术手段，对各类教学数据进行收集、整理、分析和存储，形成了一个庞大的教学信息库。在信息发布方面，高校通过官方网站、教学管理系统、移动应用等多种渠道，将集成后的教学信息及时、准确地发布给广大师生和社会公众。这不仅有助于师生了解自身的教学和学习状况，及时调整教学策略和学习方法，提高教学和学习效果；还有利于社会公众了解高校的教学质量和办学水平，增强对高等教育的信任度和满意度。

4. 约束与激励功能

高校教学质量保障体系通过制度建设与质量文化建设，借助监督、评价、诊断、反馈及改进等具体措施，形成了全面的约束与激励机制。此机制使得各职能部门及全体人员均具备对外、对内、对自我的责任感。这种责任感既体现为质量保障体系组织和制度框架内所赋予的既定职责与规范行为的执行，也体现为自觉的质量意识、奉献精神，以及工作和学习中的自我提升。

第二章
国外高校教学质量保障体系

随着高等教育普及化时代的到来，高等教育质量和质量保障问题逐渐成为国际关注的焦点，加强高等教育质量保障成为高等教育发展政策的核心。各国积极投入资源，致力于构建和完善高等教育质量保障体系。本章分别介绍高等教育质量保障体系形成的国际背景、国外高校教学质量保障模式、国外高校教学质量保障体系的特点，以及其对我国的启示。

第一节　高校教学质量保障体系形成的国际背景

一、高等教育的国际化发展

随着高等教育国际化的深入发展，高等教育质量问题受到社会各界的广泛关注。二十世纪七八十年代，教育质量，特别是高等教育质量，已然成为一个国际性的问题。各国不仅关注本国高等教育的质量问题，积极寻求有效的解决方案，还特别重视借鉴他国实践经验与教训。二十世纪九十年代以后，高等教育质量保障方面的国际合作逐步展开。1991年，香港举办了高等教育质量保障的国际会议，会议期间成立了高等教育质量保障机构国际网络(International Network for Quality Assurance Agencies in Higher Education，INQAAHE)。2000年，欧盟建制了欧洲高等教育质量保证网络(European Network for Quality Assurance in Higher Education，ENQA)。2003年，亚太地区教育质量保障组织(Asia-Pacific Quality Network，APQN)在中国香港创建了。这些组织致力于促进各国高等教育质量保障机构间的协同与合作，推动高等教育质量保障与发展。由此可见，高等教育质量问题受到人们的广泛关注与高等教育国际化的发展趋势是分不开的。

二、经济全球化与人才竞争的加剧

二十世纪末，随着全球化浪潮的推进，国际政治、经济和文化舞台上的竞争愈发激烈。各国纷纷认识到，人才是推动经济发展和社会进步的核心动力。在这一大背景下，高等教育作为培养人才的重要途径，其地位显得愈发重要。高等教育不仅能传承文化、推动科技创新，还有助于提升国家实力和国际竞争力。高等教育的质量直接关系到人才的培养质量，进而影响国家的未来发展。因此，各国政府和社会各界对高等教育质量及其保障的重视程度不断提升。

三、全面质量管理理论的应用

高等教育质量保障活动的兴起与二十世纪六七十年代工商业界的全面质量管理(Total Quality Management，TQM)理论紧密相连。全面质量管理以"三全"管理原则(即全过程管理、全员参与管理和全要素管理)，为各行各业的质量提升提供了全新的视角和方法指导。随着全面质量管理在工商业界的广泛应用和不断发展，其思想和方法也逐渐被引入其他领域，尤其是高等教育。在高等教育领域，全面质量管理的引入为教育质量的提升提供了全新的思路、手段和途径。二十世纪八十年代中期以后，各国相继建立起各具特色的"高等教育质量保障体系"。

四、世界各国国力之争的影响

科技创新是推动国家发展的重要动力，而人才是国家发展的根本。各国政府对科技创新和人才培养越来越重视，期望能培养出更多具有国际竞争力的优秀人才和科技创新团队。而高校是培养高层次人才的主要场所，也是科技创新的孵化地，因此各国都十分注重高等教育的质量。

二十世纪八十年代，世界各国普遍开始关注高等教育质量问题，这既是高等教育大众化向纵深发展的必然趋势，也是高等教育对科技进步、国际竞争力提升，以及社会和个体发展影响不断增强的结果。一些国家还将高等教育质量保障视为国家的责任。

第二节　国外高校教学质量保障模式

本节重点介绍美国、英国、法国、荷兰四个国家的高等教育外部质量保障体系，美国、英国、法国、荷兰的高等教育外部质量保障模式见表2-1。

表 2-1　美国、英国、法国、荷兰的高等教育外部质量保障模式

国家	主 要 项 目	负 责 机 构
美国	高校认证	美国高等教育认证委员会(CHEA)
	专业认证	
	州的许可证审核	政府(州)
	州的绩效审核	
	高校排名	新闻媒体和社会机构
英国	高校质量评估	高等教育基金委员会(HEFC)
	合作办学机构审核	高等教育质量委员会(HEQC)
	学位授予资质审核	
	高校审核	高等教育质量保障委员会(QAA)
	高校排名	新闻媒体和社会机构
法国	高校评估	国家评估委员会(CNE)
	高校、科学合作机构、科研组织评估	研究与高等教育质量评鉴局(AERES)
	高校计划发展的教学项目审批	国家高等教育研究委员会
	高校自评	大学内部的评估委员会
荷兰	高校评估	高等教育评估所(ASK)
	高校评估	大学协会(ASUN)
	高校评估	高等职业教育协会(HBO-Raad)
	元评估	高等教育督导团(IHO)
	高校教育学位认证	高等教育认证组织(NAO)

一、美国的高校教学质量保障模式

美国的高等教育在国际高等教育中占有重要的地位。尽管美国的高等教育只有不到四百年的历史，但美国的高等教育体系类型丰富，层次多样。美国能在高等教育领域取得令人瞩目的成就，其高等教育质量保障体系的关键作用不可忽视。不断完善的高等教育质量保障体系使得美国高等教育得以持续发展和提升。

美国的高校教学质量保障模式采用社会中介组织的质量保障模式。美国的质量保障活动由各地各级认证机构与民间组织发起，对高校的教学活动作出评估、认证与排名。政府对高校的教学评估活动遵循不参与评估活动、不干涉评估活动、不制订评估政策的"三不"原则，但又充分尊重、充分支持教学评估活动，这使得美国的教学质量保障既具有非官方性，又具有权威性。

美国的高校教学质量保障体系最显著的特点是，其评估认证结果能够有效地融入市场机制，并发挥积极作用。美国高校可以依据评估结果向美国政府提出合理的资源配置和政策支持等要求；同时，美国政府也可以根据评估结果选择适合的高校、专业和毕业生。这种机制不仅提升了高校的教学质量，还促进了教育资源的优化配置。

美国的高等教育质量保障体系是立体化、多元化和全方位的，其中高等教育质量认证是最具特色的。质量认证是通过质量审核来实施的。质量审核可分为外部审核和内部审核。外部审核是指高校外的机构对高校或专业的审核，主要包括认证、州高等教育质量审核、学术排名等。外部审核在使高校接受外部标准、提升教育质量、强化高校对公众的责任感方面发挥重要作用。外部审核能向高校颁证，授权高校颁发学位和证书，为高校获取公共基金提供了可能。内部审核是指高校内部的自我审核，是美国校园文化的传统组成部分。本小节着重介绍外部审核。

(一) 外部审核

1. 认证

认证是一项非常重要的外部质量审核，美国高等教育认证委员会(Council for Higher Education Ac-creditation，CHEA)把认证看作是"高等教育用以检查大学、学院以及专业项目，保证和提高质量的外部质量评估过程"。认证主要由非政府的同行专家组对参与审核的院校和专业进行审核。审核的主要依据为院校或专业设定的自我使命，以及认证机构制定的认证准则。基于专家组在取证、审查和判断等多个环节的综合考量与分析，得出最终的认证结论。认证的作用主要有三个方面：一是保障院校或专业的质量；二是帮助院校或专业改进和提高；三是向公众证实院校或专业已充分满足接受公共基金的条件，达到获得许可证的法定要求，并在一定程度上满足学分转移的基本条件等。

美国的高等教育认证包括院校认证和专业认证两种类型，具体如下。

1）院校认证

院校认证主要是评估院校的整体质量状态。院校认证的对象涉及全国大部分的高校，由取得认证资格的地区性认证机构和全国性认证机构进行实施。最初院校认证活动的特点是：根据高校整体的运作模式和既定的发展目标，采用定性方法对高校进行全面评估，充分尊重了高校的多样性与自主权。这种评估方式后来成为了其他地区性认证机构效仿的"蓝本"。

地区性认证机构主要负责对全国有学位授予权的高校实施院校认证。全美划分为新英格兰、中部各州、中北部、南部、西部、西北部六个地区，分设六个地区的院校联合会以及八个认证委员会。地区性认证机构主要对公立与私立学校、学院及大学的师资、课程、教学质量、设备、管理等方面的情况进行评估，经过全面审核后决定该高校是否被认可。美国的地区性认证机构的存在，是由其深厚的历史积淀、独特的地理环境，以及高校间合作模式等多重因素共同塑造的。虽可保持地区的特色，但也有一定的局限性。因此，长期以来各地区认证机构一直在实行跨地区院校认证，除可避免一定的局限性外，也有助于满足高校的多样化需求。

需要强调的是，美国的全国性认证机构有一部分是负责对全国职业和专门职业院校实施认证的，另一部分是负责对全国宗教性院校进行认证的。

2）专业认证

专业认证是美国高校认证机构为评估高校专业培养能力，确保高校开设专业的学生毕业后能在专业领域发挥专业特长而进行的评估。专业认证是美国高等教育质量保障的重要形式，由行业协会组织开展，有效促进了美国专业教育质量的持续提升。专业认证始终关注学生就业能力的培养，强调认证专业和高校是专业教育质量保障的主体。

除地区性认证机构和全国性认证机构外，美国还有一类专业性认证机构。这些专业性认证机构主要对高校的相关学科专业、专业性院校或单一学科的院校进行认证。专业性认证机构有工程师专业发展理事会、全美大学工商学院联合会和美国牙科协会下属的牙科教育理事会等。

专业认证需遵循严格流程，包括提交申请、自评审查、专家小组现场考察、专业认证委员会审核认证，以及最终结论的确定等环节。美国专业认证起源于十九世纪末至二十世纪初，最早出现在发展迅速的医学教育领域。为了保证医学教育的质量，美国医学协会于1847年成立，它是美国首个专业认证机构。1900年，美国法学院协会成立，紧接着其他多个专业领域亦纷纷效仿此行为，相继成立了各自的专业认证机构，包括新闻传媒、工商管理等。这些认证机构的建立，不仅体现了各专业领域对于规范化、标准化发展的追求，也为提升行业整体水平、保障教育质量提供了有力支撑。

专业认证旨在解决高校如何向学生传授知识和技能的问题，并重点关注毕业生质量。专业认证以专业为核心，认证机构制订优秀专业的标准，对高校是否满足这些标准进行评估，评估结果将向公众公开。评估旨在保障和提高专业办学水平和教育教学质量。除了自评报告和专家组评估报告外，专业评估文件还应该包括专业对专家报告的回应和基于评估结果制定的未来行动计划，这些文件的完整性有助于确保专业认证的全面性和准确性。

2. 州高等教育质量审核

州高等教育质量审核(Quality Review)是最直接的政府审核。州高等教育质量审核的内容通常包含财政的稳定性、管理效能、高校整体运行情况等多个方面。州高等教育质量审核分为两种：一是州的许可证审核(Review for State Licensure)，主要面向私立学校；二是州的绩效审核(State Accountability Review)，主要面向公立学校。私立学校要想在州内授学位，必须获得州许可证。公立学校也必须获得州许可证，不同的是，公立学校在获得立法机构的建校批准时，就同时获得了州许可证。已经经过非官方认证过的高校可以不必再经州审核，但没有认证过的高校必须接受州审核。不同类型的高校在接受州许可证审核时，需遵循不同的标准和程序。州高等教育质量审核往往是分层、分类、分工负责的：即负责高等教育的机构全面监督授学位的院校；高等职业和技术教育办公室对职业和技术类学院进行视察；州退伍军人部则可能参与视察招收退伍军人的相关专业；州的美容署常负责对美容和理发类学院的进行视察等。

绩效审核在州高等教育质量审核中占据重要地位，备受各方关注。开展绩效审核的目的主要在于：鼓励并确保高校遵守有关规章制度，积极促进相关改革措施的实施，严密监督并保障教育教学质量，确保高校向州长和州议会负责。绩效审核着重关注资源的分配、利用效率和最终效果。当前，绩效审核主要聚焦于学生学习成效，以及高校如何采取有效措施提升学生的学习质量。通常使用定量方法来科学、客观地衡量学生的成效，以及高校的进步和提高。现在，教育经费获取不像以前那么容易，竞争十分激烈，因此高校势必要向政府和公众汇报，确保州教育经费被用于最需要的领域，如改进本科教育、基本技艺教育和职业准备等，以充分展示其绩效。

3. 高校排名

对高校进行排名，是高等教育领域中一种具有权威性的社会评估方式。这种方式通过一系列科学、客观、公正的指标体系和评价方法，对高校的办学水平、教学质量、科研实力、社会声誉等方面进行全面、系统的评估，从而为公众、政府、教育机构等提供权威、可靠的信息参考，促进高等教育的质量提升和健康发展。

自 1906 年起，美国便开始对高校进行声誉排名，这也是现今美国大学排行榜的雏形。作为世界上最早开展高校排名的国家，美国在此领域积累了丰富的经验，并树立了权威的地位。美国比较知名的高校排行榜有"美国新闻与世界报道""戈门报告""顶级研究型大学排名"等。各类排行榜各有侧重，但在一定程度上反映了社会的需求，影响着学生和家长的择校意向。尽管目前社会各界对排名持有不同的观点和看法，甚至有些知名高校陆续退出各类排行榜，但可以明确的是，排名对引导社会资源投入还是有很大的影响。

(二) 内部审核

内部审核主要是高校内部教学质量评估。内部评估是美国校园文化的传统组成部分，内部评估比外部评估更直接地与高校规划、资源分配、优先设置新专业等挂钩。高校内部质量保障机制的主要内容包括：校领导的任期和提升评估，同行专家组的科研评估、专业评估，学生对教师和教学的评价等。

二、英国的高校教学质量保障模式

英国在高等教育质量保障领域具有悠久的历史和丰富的经验，是全球范围内开展高等教育质量保障活动最早且最深入的国家之一。英国的高等教育质量保障模式经过严格的监控和评估,已经赢得了国际社会的普遍赞誉和高度尊重。英国主要实施院校和中介机构联合主导的质量保障模式,质量保障体系具有多元化评估的特征。英国的质量保障体系也包含了外部质量保障和内部质量保障两部分。外部质量保障主要包括高等教育基金委员会(Higher Education Funding Council,HEFC)的外部质量评估、高等教育质量委员会(Higher Education Quality Council,HEQC)的外部质量审核、高等教育质量保障委员会(Quality Assurance-agency in Higher Education,QAA)的外部质量保障以及社会评估等。本小节重点介绍英国的外部质量保障模式。

(一) 高等教育基金委员会的外部质量评估

高等教育基金委员会(HEFC)主要负责对高校的教学质量进行外部评估,通过评估来推动各高校遵循全英标准,持续保持并不断提升教学质量。评估主要包括三个环节:高校自我评估、质量评估分部的材料复查和专家组实地考察访谈。这三个环节环环相扣、相互衔接,构成了质量评估的完整流程。

1. 高校自我评估

高校自我评估是质量评估的基础。这一环节主要以高校本身为主体,以学科为中心,对高校的教育质量进行全面的自我审视和评估。在自我过程中,高校需要对教育资源、师资力量、教学设施、课程设置和学生管理等方面进行深入的分析和评估,找出存在的问题和不足,并提出相应的改进措施。高校自我评估能够帮助高校建立自我约束和自我完善的机制,提高教育质量和办学水平。

2. 质量评估分部复查材料

高校自我评估结束后,质量评估分部的人员会复查各高校提交的相关材料。这一环节主要是对高校自我评估结果的核实和审查。质量评估分部的人员会对高校提交的材料进行细致地分析和比对,以确认高校自我评估的准确性和客观性。若存在问题或不足之处,质量评估分部的人员会及时与高校进行沟通,并指导高校进行改进。质量评估分部复查材料能够有效地保证质量评估的公正性和客观性。

3. 专家组实地考察访谈

在质量评估分部复查完材料后,专家组会进行实地考察访谈,形成质量评估结论。在这一环节中,专家组会深入高校进行实地考察和访谈,了解高校的教育质量、教学设施、师资力量等方面的情况,还会与高校领导和师生进行深入的交流和沟通。基于实地考察和访谈的结果，专家组会对高校教育质量形成评估结论，并将结论分为不满意、满意、优秀三个等级。这一环节的结论会直接与高校的财政经费划拨挂钩，以此激励高校不断改进和提高教育教学质量。

(二) 高等教育质量委员会的外部质量审核

1992 年，统一的学术审核机构——高等教育质量委员会(Higher Education Quality Council, HEQC)在大学校长委员会等机构的协商之下建立起来，并将 1990 年成立的学术审核单位(Academic Audit Unit，AAU)纳入其中。HEQC 下设学分与入学管理组、质量审核组和质量提高组。

1. 学分与入学管理组

学分与入学管理组负责对合作办学机构进行全面的审核，包括机构的教学资源、师资力量、课程设置和教学方法等。通过严格的审核程序，学分与入学管理组筛选出真正符合教育标准要求的机构，从而保障学生的学习权益。同时，学分与入学管理组还审批入学课程的考试代理机构，以确保这些机构在考试设计、实施和评估方面的专业性和公正性。

2. 质量审核组

质量审核组主要负责监督各高校是否严格遵守授予学位的标准，主要包括学位授予的条件、程序和方法是否完备，以及学位证书的真实性和有效性等。

3. 质量提高组

质量提高组积极推广、传播和研究各高校的教育教学质量的有效方法和策略，通过榜样示范作用来促进教育质量的提高。通过学习和借鉴这些先进的教学理念、创新的教学方法和科学的管理制度等，其他高校可以通过不断改进自己的教育实践来提高教育质量。

(三) 高等教育质量保障委员会的外部质量保障

高等教育质量保障委员会(QAA)成立于 1997 年。QAA 在质量保障方面替代了高等教育基金委员会(HEFC)和高等教育质量委员会(HEQC)，负责对全英高校提供统一的综合质量保障服务。QAA 是一个独立的非营利组织，主要由高校的会费和各类委托评审的签约组织的相关费用来支持其运行。QAA 虽然是非政府机构，但其评估活动通常受政府的委托，因此 QAA 实施的质量保障也可视为一种政府性保障。

QAA 的核心任务在于确保公众对高等教育质量和学位标准的持续维护与保持信心。QAA 主要有以下几个方面的职责。

(1) 通过进校视察，QAA 对高校的教学管理进行全面审核，对各学科教与学的质量和标准进行科学严谨的评价，并将审核结果和评价报告以公开、透明的方式向公众发布。

(2) QAA 与高校建立紧密合作关系，共同致力于教育质量的不断提高。双方通过协作努力，致力于教育体系的持续优化与提升，以满足社会各界对优质教育资源的迫切需求与期望。

(3) QAA 负责就学位授予权及高校冠名方面向政府提供建议，供政府决策参考。

(4) QAA 是对继续教育学院及其他教育机构所开设的，旨在帮助未具备正规学历的成年人进入高等学府接受教育的课程，予以官方认可。

(四) 社会评估

社会评估是政府、民众及国际社会对高校进行评判的重要依据之一，同样具有较高的科学性和社会认可度。在英国，社会评估主要有职业性专业鉴定、研究工作评估和新闻媒体排名等。

1. 职业性专业鉴定

一些诸如法律、工程、医学和会计专业的学生在其毕业后往往需要取得相应的执业资格，这就需要接受职业团体或法定团体的鉴定。此类鉴定旨在认可某个专业在其专业领域内部分(或全部)达到了职业所需的能力标准。

2. 研究工作评估

研究工作评估(Research Assessment Exercise，RAE)主要是针对高校(或学院)的科学研究工作质量进行评估的。RAE 由英格兰高等教育基金委员会代表所有的基金委员会主持，一般每 4～5 年进行 1 次，旨在根据高校的研究工作质量分配公共研究基金。高校的研究工作越优秀，就会取得更多的研究基金，从而能更好地开展科学研究，这就形成了一个良性循环。

3. 新闻媒体排名

英国还有一种质量保障措施，即新闻媒体排名。通过新闻媒体排名，引发社会各界对高校教学质量的关注，从而引导学生和家长在选择就读的高校和专业时作出更明智的决策。例如，英国的《时报》每年都要出版有关高校指南方面的书对英国的高校进行排名。该排名主要是基于教学质量评估、研究水平评估、入学标准、师生比、图书资源、数字终端的数量、科研教学仪器设备数量、毕业率、拥有第二学位率、就业率和学生完成毕业的时限等指标进行评估而得到的。

三、法国的高校教学质量保障模式

法国是世界现代高等教育的发源地之一，其高等教育管理具有自治性。经过多轮高等教育立法和改革，法国的高校教学质量保障模式已展现出了一些新的特征，具体如下。

(1) 在高等教育质量的评估和保障方面，法国政府控制的国家评估委员会和国家高等教育研究委员会仍占据权威地位，其影响力不容忽视。

(2) 法国的高校教学质量保障模式具有中央集权的特点。

(3) 法国高等教育系统由大学系统和大学校系统两部分构成。大学作为"开放型"或"普及型"的高等教育机构，实行广泛的招生政策，要求申请者通过高中毕业会考并获取相应文凭就能具备注册入学资格。相对而言，大学校作为"选拔型"或"精英型"的高等教育机构，招生人数较少，入学要求极为严格，学生需要经过层层选拔才能获取入学资格。

法国政府开展高等教育管理的主要手段包括规划、资金分配、质量评估和立法保障等。政府利用专门的国家评估机构，对全国高校及其学科，以及全国高等教育的发展状况进行全面的综合评估。基于评估结果，政府进行财政拨款，直接或间接地影响着高等教育的发展。

(一) 法国高校质量保障的重要组织

法国高校质量保障的有效实施依存于几个重要组织，即国家评估委员会、法国研究与高等教育评估总署、国家高等教育研究委员会、高校内部评估委员会、高等教育评估所，以及其他评估机构。

1. 国家评估委员会

1984 年，法国出台了《高等教育法》(又称《萨瓦里法案》)，并提出成立了国家评估委员会(the Council of National Evaluation，CNE)。CNE 是一个独立的组织，直接向总统负责，于 1985 年经总统和议会批准后正式成立。CNE 成员是在全国范围内经过精心挑选产生的，其任职资格必须经过一系列严格的评估和审查，确保他们在工作中表现出高度的专业性和公正性。

CNE 开展的评估是法国高等教育评估的主要形式。CNE 负责对高校履行合同的情况，以及教学、科研成果进行外部评估，评估的形式主要包括对法国高等教育整体状况的评估、对院校制度的评估和对学科的评估等。CNE 评估以五年为一个周期，并在每一项评估结束后都会提交一份评估报告。该评估报告针对高校教育与继续教育、科研与开发、高校管理政策与管理实践、高校目标和使命的确定及其实现程度等方面进行多维度分析，从而为学生、高校的合作方、用人单位等提供信息，也为政府调控和监管高等教育提供依据。虽然 CNE 并没有对个人进行评估的权力，没有批准课程的权力，也不会影响国家经费的分配，但其评估报告仍然受到了全社会和高校的广泛关注与高度重视。

2. 法国研究与高等教育评估总署

2007 年，法国成立了法国研究与高等教育评估总署(French Evaluation Agency for Research and Higher Education，AERES)。AERES 在一定程度上取代了 CNE 以及其他评估机构，成为了法国最核心的高等教育质量评估机构。AERES 的评估结果是政府衡量高校办学质量，并进行财政拨款的重要依据，同时也是政府实施宏观管理、增强高校自主权及保障高等教育质量的关键手段。AERES 的评估工作主要由三个部门负责，分别是机构评估部、科研单位评估部以及项目和学位评估部。AERES 的评估对象包括高等教育机构、科学合作基金会机构、科研机构和组织等。

3. 国家高等教育研究委员会

国家高等教育研究委员会主要负责为高校批准计划发展的教学项目。国家高等教育研究委员会与法国政府紧密相连，既有审批的职能，又负责制定授予国家学位证书的最低标准。

4. 高校内部评估委员会

法国高校内部也设置了评估委员会，其主要职责是：对外，主要配合国家评估委员会的相关工作；对内，开展校内自评，如开展院系评估、教育教学质量评估和高校发展政策评估等。高校内部评估委员会还开展多维评价，包括对学生成绩的评价、对教师的评价和对学科发展的评价，以及对毕业生情况的分析等。

5. 高等教育评估所

高等教育评估所是法国独立的民间评估机构，受教育部委托每五年对各所高校评估一次。高等教育评估所的成员由校内的教师、研究人员、管理人员及校外人士组成，任期五年。高等教育评估所的评估结果会直接在网上向社会公布，该结果直接影响国家对高校的财政支持和社会对高校的认可度。

6. 其他评估机构

除以上所提到的评估机构外，参与法国高等教育质量评估活动的其他权威机构还有以下几类。

(1) 大学理事会。该机构主要负责制定学术规划、确定国家水平，并为高校补充学术人员及促进学术人员发展等。

(2) 国家科学研究委员会。该机构的职责主要是确定合同，对教育部研究基金进行合理分配。

(3) 学位授予委员会。该机构主要负责在教育部高等教育理事会范围内审定研究生课程，并向合格者授予相应的学位。

(4) 国家工程师职称委员会。该机构主要承担工程研究类的评估任务。

(二) 法国高校教学质量保障的主要方式

1. 合同制

自 1984 年开始实施的合同制是法国政府计划管理的一种方式。每四年，法国政府会与高校签订一次合同。在签订合同之前，高校需向教育部提交未来四年的教育计划。教育部对高校提交的教育计划进行深入研究后会派遣专家团队前往高校进行实地考察。在实地考察过程中，教育部专家将与高校相关人员进行深入讨论，以商定合同的具体内容。当合同即将到期时，国家评估委员会将对合同的执行情况和目标完成情况进行全面评估，并探讨新合同的签订细节。国家评估委员会的报告在很大程度上会影响新合同的制定和签订，并直接关系到政府对高校的资金支持力度。

合同制有效减少了政府对高校的直接干预，赋予高校更加灵活的发展自主权。同时，合同制又在一定程度上确保了高校按照国家与社会需求的方向发展。

2. 综合评估

政府和高校之间签订的合同是政府对高校实施评估的前提和依据。国家评估委员会根据政府与高校签订的合同，对高校进行综合评估。通过国家评估委员会这个独立的第三方评估机构，政府会衡量财政拨款所产生的效益，并据此来调整对高校的财政支持额度。国家评估委员会对高校的综合评估主要分为两个部分：一是高校自行组织实施的内部评估；二是由国家评估委员会主导的外部评估。

3. 政府拨款

法国高等教育的经费主要来自政府拨款，采取的是拨款与评估相结合的方式。自合同制实施以来，政府根据合同向各高校提供经费，约占其总拨款的1/3。一旦与高校签订合同，政府就有义务按照合同规定向高校提供经费。高校通过合同获得的经费，主要用于开展教学活动、基础设施维护和科学研究工作，具体的经费数额和使用目的都会在高等教育机构与政府签订的合同中明确规定。

四、荷兰的高校教学质量保障模式

荷兰是欧洲较早建立质量保障体系的国家之一。荷兰政府不断调整高校的质量保障体系，其质量保障模式大致经历了以下三个阶段。

1. 第一阶段：中央集权模式阶段

在1985年荷兰政府发布《高等教育：自治与质量》之前，荷兰的高校一直受到政府的中央集权管理，包括经费拨款、行政领导和监督等，荷兰的高校教学质量保障模式此时为中央集权模式。在这一阶段，高校的自主权相对有限，难以根据自身需求和市场变动来灵活调整办学策略。

2. 第二阶段：评估模式阶段

自1985年《高等教育：自治与质量》发布到2002年《高等教育认证法》和《高等教育与研究法案》发布这一阶段，荷兰高等教学质量保障逐步形成了自我评估(高校自身根据其内部质量控制系统自主开展质量监控工作)、外部评估(由大学协会(ASUN)与高等职业教育协会(HBO-Raad)分别对高校和高等职业教育的教学质量进行评估)与元评估(高等教育督导团(IHO)对ASNU和HBO-Raad实施的校外评估过程及结果进行再评估)相结合的评估模式。1985年，荷兰建立了由大学协会(ASUN)对高校进行质量评估的评估制度。大学协会是由各高校共同出资设立并管理的非公立机构，其职责是从规划层面对高校的教学及科研活动进行严谨的质量评估与监督。其评估内容主要包括课程组织、教学目标、师资队伍、图书及其他学习资源、信息技术、学生成绩、教师专业发展和教学成果，以及内部质量管理机制等。同时，大学协会也负责协调高校与政府之间的关系，旨在促进质量提升、对社会负责及促进高校的自治。高等职业教育协会(HBO-Raad)是负责对非高校部分的高等教育机构进行评估。高等教育督导团(IHO)是隶属于教育、文化和科学部的官方机构，其主要职责是对大学协会和高等职业教育协会实施的校外评估工作进行二次评估，对高校整改的情况进行监督和复查，并最终汇报至荷兰教育、文化和科学部，以供其决策参考。

3. 第三阶段：认证模式阶段

2002年，荷兰正式引入认证制度，荷兰成为了欧洲首批在高校和高等职业教育中引入外部评估制度和认证制度的国家之一。在新的认证制度下，一个独立的认证机构——荷兰高等教育认证委员会(National Accreditation Organization, NAO)依法成立。NAO 由高等教育某一领域的专家，或者是质量评估方面的专家组成，这些成员直接由教育部部长任命。新的认证制度的基本单位为"计划"。认证体制是建立在高校自我评估和校外同行质量评估体制的基础之上的。认证的周期一般为6年。根据相关法律规定，NAO 在进行认证时，必须全面考虑的因素有：计划的水平、计划的内容、教育过程、教育收益、完备的设施和质量评估方法的适当性。这些因素对于确保认证的有效性和可靠性至关重要。

荷兰的高等教育质量保障体系图如图 2-1 所示。

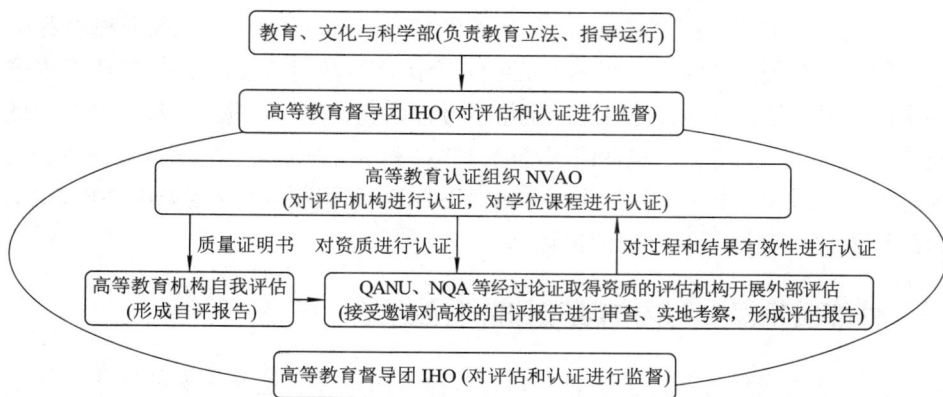

图 2-1 荷兰的高等教育质量保障体系图

第三节　国外高校教学质量保障体系的特点

尽管各国在高等教育管理体制、政府领导方式，以及高等教育规模和发展水平等方面存在差异，导致高校教学质量保障体系在模式选择、运行机制等方面存在诸多不同，但国外高校教学质量保障体系仍有许多共通之处。

一、注重政府的宏观调控职能

国外高校教学质量保障体系的一个显著的特点是加强政府在构建教育质量保障体系中的核心作用，充分发挥政府的宏观调控职能。在高等教育质量保障领域，政府部门始终占据重要地位，但其职能已逐渐由直接管理转变为宏观调控。政府部门不再直接参与质量保障和评估的具体工作，而是成立了专门的独立评估机构(如英国、法国等)；或者将相关工作委托给第三方评估机构，而政府则负责对第三方评估机构进行认证，确保其评估工作的质量和有效性(如美国等)。

二、注重元评估

元评估，即对评估机构进行的深入、细致的评估与审核，以确保其工作的有效性与合规性。通过元评估，可以及时发现评估机构内部存在的问题与不足，并采取相应措施进行改进，从而不断提升评估机构的整体水平和服务质量。比如，在美国的联邦教育部(USDE)和全国高等教育认证理事会(CHEA)根据既定的标准，对第三方认证机构的资格进行评估和认定。为进一步提升这些认证机构的质量，行业协会还定期组织经验分享会和专业培训活动。又如，荷兰利用高等教育督导团(IHO)对由大学协会(ASUN)和高等职业教育协会(HBO-Raad)实施的校外评估过程及结果进行再评估。

三、外部质量保障与内部质量保障有效结合

当外部质量保障与内部质量保障有效结合时，才能达到理想的效果。一方面要重视高校学术自由与自我评价；另一方面要高度重视并充分利用各社会团

体、行业协会、专业组织等外部力量，共同参与高校的质量保障工作。以英国为例，英国各高校均建立了内部质量保障机制。各高校严格把控专业规划、审批、监控与审查等关键环节，坚持高标准的质量要求。在内部质量保障机制之外，英国还设立了高等教育质量保障委员会(QAA)负责对高校进行评估，促使高校教学质量保障体系的持续改进。

四、利用第三方评估机构开展评估

高等教育质量保障委员会(QAA)、高等教育鉴定委员会(CHEA)、大学协会(ASUN)和高等职业教育协会(HBO-Raad)等是非政府性质的第三方评估机构，其具有较高的独立性。这些第三方评估机构负责高等教育质量评估标准的制定与实施，依据高校自评报告，组织专家团队对高校进行深入考察，得出评估结果并客观、公正地进行信息公布。这些中介评估机构为政府的决策提供了有力的信息支撑，确保了高校教学质量的稳定与提升。例如，荷兰政府并不直接介入评估活动，而是更多地扮演元评估的调控角色，荷兰高等教育视导团受荷兰政府委托，对大学协会与高等职业教育学院联合会开展的校外评估的合法性进行监督和复查，并将最终结果通报给荷兰教育科学部。

五、评估结果与政府拨款挂钩

政府拨款作为高校的重要资金来源，对于高校的硬件设施建设、师资队伍建设、科研投入和学生奖助学金等方面都有着直接的影响。评估结果与财政拨款挂钩的机制，有助于激发高校的办学活力和创新动力，同时能够实现资源的高效配置和合理利用。

六、呈现融合态势

目前，国外的高校教学质量保障体系的发展主要呈现出两种趋势。一种是以国家政府为主导的高校教学质量保障体系正逐步将权力下放至地方和第三方评估机构，实现更灵活和多元的质量管理。另一种是以地方和第三方评估机构为主导的高校教学质量保障体系倾向于加强中央政府的控制，确保教育质量的统一性和标准化。但从总体发展趋势来看，这两种体系呈现出融合态势。以美国为例，美国政府通过中介评估机构进行间接调控，虽然不直接干涉高校的管理，但可以有效影响高校的教育质量。这既体现了第三方评估机构的灵活性，又确保了中央政府对教育质量的必要控制。

第四节   国外高校教学质量保障体系对我国的启示

一、坚持多样教育质量观

在美国，顶尖的研究型高校与社区学院、远程教育等并存，形成了丰富的教育生态。这种生态的形成，得益于对多样教育质量观的坚持和实践。与此相反的是，英国在推行高等教育普及的过程中，曾一度恪守传统的精英教育。这种单一教育质量观在一段时间内导致了英国教育发展的困境，这也显示出单一教育质量观的局限性。在我国，随着高等教育逐渐走向普及，我们必须适时坚持多样教育质量观，以适应和推动教育的发展。

在我国逐步实现高等教育普及化的关键阶段，我们必须借鉴发达国家的经验，避免重蹈覆辙。坚持多样教育质量观要求我们在面对不同类型的高校时，不能以一刀切的标准来评价和判断，应该根据各高校的定位和特点，制定适合各高校的发展策略和质量标准。

二、发挥第三方评估机构的作用

从美国、英国、法国和荷兰等国家的高校教学质量保障体系中可以看出，第三方评估机构在高校教学质量保障体系中有着举足轻重的作用，第三方评估机构的参与不仅为高等教育评价注入了公平、科学和客观的元素，而且成为了政府、社会与高校之间沟通的桥梁。例如，美国的美国高等教育认证委员会，英国的高等教育质量保障委员会等用专业的评估方法对高校的教育质量和学术水平等进行全面的评估，为政府制定教育政策、高校改进教学方法提供重要的参考依据。

我国也可以借鉴此经验，发挥第三方评估机构的作用。第三方评估机构不仅可以提高高等教育的整体质量，还可以增强高校的社会责任感和公信力，推动我国高等教育事业的健康发展。同时，第三方评估机构还可以促进政府、社会与高校之间的沟通与合作，为我国高等教育的国际化和现代化提供有力支持。

三、重视高校的分层分类评估

各高校的办学类型呈现多样化发展趋势，这就要求在进行高等教育质量评估时，需针对各高校的特色来制定不同的教育质量标准，确保评估的精准性与公正性。近年来，美国注重高校的特色发展，倡导各高校自主设定办学宗旨与目标，并自行规划实现路径。而我国针对不同高校所实施的合格评估与审核评估，也彰显了高等教育分层分类发展的鲜明特征。根据《国家中长期发展规划与改革纲要(2010—2020)》的明确指导，我国致力于构建高校分类体系，实行分类管理。针对不同类型的高校，我国制定了相应的评估标准，从而建立了分层分类的高等教育质量评估体系，为高等教育质量的保障提供了长效机制。因此，高校的分层分类评估应受到高度重视，以满足我国高等教育多样化办学模式的需求，并培养出多层次的人才，更好地服务社会发展需求。

四、确保评估的公开透明

以英国为例，英国高等教育质量保障委员会(QAA)构建了一个全方位的利益相关者沟通平台，该平台专门用于发布和交流学术标准和质量的相关信息，旨在保护各方的权益。该平台还会定期公布关于高校的审核结果，并设有专门网页以便公众免费获取教学质量信息。此外，美国和德国等国也在有选择地公开高校评估信息。

在我国，"高等教育质量监测国家数据平台"运用数据采集和分析工具开展了教学质量基本状态数据的采集和上报工作，从而获得了大量基于事实的评价信息。基于这些信息，我国编制和发布了年度高等教育教学质量报告，使公众能够及时了解高校各项工作的进展情况。我国坚持及时公开高校教学质量的评估结果，确保评估的公开、透明。同时，我国还要求各高校将其年度教学质量报告发布在面向学生、家长和用人单位的信息公开网站上。这些举措都表明，我国的高等教育评估正在朝着更加制度化、规范化、公开化和科学化的方向发展。

五、重视与国际接轨

我国的高校教学质量保障体系相较于国外尚处于刚刚起步的发展阶段，仍有很多需要探索和解决的问题，需要我们共同努力去推进和完善。随着全球经济一体化和高等教育国际化的不断加速，国际交流与合作在高等教育领域中的重要性日益凸显。在这样的时代背景下，我们必须高度重视与国际接轨，建立符合国际标准的且具有我国特色的高校教学质量保障体系。只有如此，我们才能更好地融入高等教育国际化的大潮中，在激烈的竞争中保持优势地位，确保我国高等教育的质量和声誉。因此，我们必须以严谨、稳重、理性的态度，推动高校教学质量保障体系的国际化进程，为我国高等教育事业的可持续发展奠定坚实基础。

第三章
我国高校教学质量保障体系的现状分析

近年来，在国家政策的有力引导和积极推动下，我国各高校积极采取多种形式的质量保障措施，努力提升教学质量，逐步形成了独具特色的中国高校教学质量保障体系。但同时，受国内教育环境和各种主客观因素的影响，我国高校教学质量保障体系仍存在一些矛盾和问题。本章主要介绍我国高校教学质量保障体系的发展历程及其特点、我国高校教学质量保障体系存在的问题，以及改善我国高校教学质量保障体系的策略。

第一节　我国高校教学质量保障体系的发展历程及其特点

一、我国高校教学质量保障体系的发展历程

1985年，我国正式颁布了《中共中央关于教育体制改革的决定》（以下简称"《决定》"）。《决定》从权责赋予、保障方式、提高路径以及衡量标准等多个维度，对高校教学质量的提升进行了详尽的规定。《决定》明确指出，"教育管理部门还要组织教育界、知识界和用人部门定期对高等学校的办学水平进行评估"。这标志着我国高等教育质量评估活动的初步启动。为了激发和保障各高校能够切实提升教学质量，深化教育体制改革，《决定》进一步强调"要扩大高等学校的办学自主权……对不同的高等学校，国家还可以根据情况，赋予其他的权力"。同时，对于高校的教学质量提升行动，《决定》还要求各高校"积极进行教学改革的各种试验，改革教学内容、教学方法、教学制度，提高教学质量"，并指出"衡量任何学校工作的根本标准不是经济收益的多少，而是培养人才的数量

和质量"。同年，原国家教委也发布了《关于开展高等工程教育评估研究和试点工作的通知》，这推动了各省市高校办学水平、学科、专业、课程评估试点工作的逐步展开。

1990 年，原国家教委发布了首个专门针对高校评估的法规性文件——《普通高等学校教育评估暂行规定》。该文件详细阐述了高校教育评估的指导思想、性质、目的、任务以及基本形式等内容，标志着中国高校教育评估领域首个规范性文件的诞生。此后，我国开始了对高校本科教学工作进行全面评估的探索与实践。

1993 年，我国颁布的《中国教育改革和发展纲要》(以下简称"《纲要》")明确指出，需"建立各级各类教育的质量标准和评估指标体系"。该《纲要》针对评估设定了三个核心定位：一是《纲要》明确提出"把检查评估学校教育质量作为一项经常性的任务"，将评估视为高校发展的基石；二是《纲要》指出"对职业技术教育和高等教育，要采取领导、专家和社会用人部门相结合的办法，通过多种形式进行质量评估和检查"，对评估的主体与形式进行拓展；三是《纲要》要求"各类学校都要重视了解用人单位对毕业生质量的评估"，强调用人单位的反馈作用。此外，《纲要》体现了高校办学模式的多元化发展趋势，着重强调了高校的质量与特色发展，并提出了"制定高等学校分类标准和相应的政策措施，使各种类型的学校合理分工，在各自的层次上办出特色"的重要方向。

2001 年 8 月，教育部正式发布了《关于加强高等学校本科教学工作，提高教学质量的若干意见》(以下简称"《意见》")。《意见》明确指出，要"建立健全教学质量监测和保证体系"，进一步提升我国高等教育的教学质量。相较于以往的政策文件，该《意见》具有三大显著的特点：一是该《意见》明确强调了"教学工作始终是学校的中心工作"这一核心观点，并提出各级教育行政部门应将教育质量，特别是本科教育质量，作为评价和衡量高校工作的重要标准；二是该《意见》将建立质量保障体系提升到了基本制度保障的高度，指出"政府和社会监督与高校自我约束相结合的教育质量监测和保证体系，是提高本科教育质量的基本制度保障"；三是该《意见》详细阐述了高校内部质量保障的重要性，提出了建立由用人单位、教师、学生共同参与的教学质量内部评估和认证机制，以确保教学质量的持续改进和提升。

2003 年，国务院正式批转了《2003—2007 年教育振兴行动计划》(以下简称"《行动计划》")。该《行动计划》着重强调了"完善高等学校教学质量评估与保障机制"的重要性，规定了教学质量评估与保障机制的具体内容，包括建立健全高等学校教学质量保障体系，设立专门的教学质量评估和咨询机构。该《行动计划》还提倡规范和改进学科专业教学质量评估，逐步建立与人才资格认证和职业准入制度紧密相连的专业评估体系。同时，该《行动计划》还着重加强高校教学质量评估信息系统的建设，构建评估指标体系，并确立教学状态数据统计、分析和定期发布的制度。与以往政策相比，该《行动计划》在高等教育领域提供了更具体、更有针对性的指导，为高校的教学与管理提供了更为贴近实际的保障措施。值得一提的是，该《行动计划》明确了"五年一轮"的普通高等学校本科教学工作水平评估制度，并特别指出了"重点推进高水平大学和重点学科建设"的战略重点，具体规划了"高等学校教学质量与教学改革工程""促进毕业生就业工程""教育信息化建设工程"以及"高素质教师和管理队伍建设工程"等。

2004 年，教育部颁布了《普通高等学校本科教学工作水平评估方案(试行)》。该文件确立了"以评促建，以评促改，以评促管，评建结合，重在建设"的二十字方针。同年 8 月，教育部高等教育教学评估中心正式成立，五年一轮的评估制度也正式确立，从此我国高等教育的教学评估工作正式步入了规范化、科学化、制度化和专业化的新阶段。

2005 年，教育部颁布了《关于进一步加强高等学校本科教学工作的若干意见》(以下简称"《意见》")。该《意见》着重强调了"加强高等学校教学工作评估，完善教学质量保障体系"的重要性。在质量保障方面，该《意见》主要有以下两大亮点。

(1) 提出了构建由政府、高校和社会共同参与的高等教育质量保障体系的构想。

(2) 明确指出了评估工作需充分考虑各类高校的办学特色和定位，依据分类指导的原则，进一步细化教学工作评估指标体系。

针对质量保障的主体构成，《意见》明确了政府、高校和社会三位一体的内外结合保障模式。在内部保障方面，《意见》倡导分类指导和分类评估，充分尊重高校的自主权，这有利于各高校立足自身特色，发挥主动性，激发创新潜能。

2006 年，我国构建了工程教育认证体系，启动了认证试点工作。

2007 年初，我国正式启动了"高等学校本科教学质量与教学改革工程"，并将提高教育质量确立为我国高等教育发展的核心目标。

2010 年，备受关注的《国家中长期教育改革和发展规划纲要(2010—2020年)》正式出台。这是中国进入 21 世纪之后的第一个教育规划，是指导全国教育改革和发展的纲领性文件。该文件将提高教育质量作为高等教育发展的核心任务，对健全高等教学质量保障体系、改进评估工作发挥了重要作用。

2011 年，《教育部关于普通高等学校本科教学评估工作的意见》明确指出，建立健全以学校自我评估为基础，以院校评估、专业认证及评估、国际评估和教学基本状态数据常态监测为主要内容，政府、学校、专门机构和社会多元评价相结合与中国特色现代高等教育体系相适应的教学评估制度，即"五位一体"评估制度。

2012 年，教育部发布了《关于全面提高高等教育质量的若干意见》。该文件明确提出了"加强高校自我评估，健全校内质量保障体系，完善本科教学基本状态数据库，建立本科教学质量年度报告发布制度"等要求，旨在将工作重心聚焦于提高教育质量，以推动高等教育事业持续健康发展。

2013 年，我国加入了国际本科工程学位互认协议——《华盛顿协议》，成为预备成员，并于 2016 年成为正式会员。

2020 年，我国第一个关于教育评价系统性改革文件——《深化新时代教育评价改革总体方案》出台。该文件强调完善立德树人体制机制，扭转不科学的教育评价导向，坚决克服唯分数、唯升学、唯文凭、唯论文、唯帽子的顽瘴痼疾，提高教育治理能力和水平，加快推进教育现代化、建设教育强国、办好人民满意的教育。

2021 年，教育部印发了《普通高等学校本科教育教学审核评估实施方案(2021—2025 年)》。与前一轮实施方案相比，该实施方案彰显了评估类型的选择性和评估组织的创新性，增加了思政元素和创新创业教育指标，从质量保障升级到了质量文化。该实施方案还充分发挥了数据的导向作用，助力高校实现高质量发展。

经过深入分析各类高校质量政策、意见和建议，我们可以发现高校质量管理的核心脉络逐渐明晰，质量观念日益贴近实际，质量保障的核心地位愈发凸显。尽管如此，高校的专业认证工作尚处于起步阶段，质量保障手段仍相对单一，目前主要依赖于教育部主导的外部评估。

从执行情况的角度来看，尽管政策号召力度强大，但具体实施措施和条件支持尚显不足。整个评估过程始终采用自上而下的模式，未能有效激发高校参与评估的积极性。尽管高校办学自主权有所改善，但高等教育领域原有的制度性问题未得到根本解决，高校发展的实际需求仍未得到较好的满足。

总体而言，当前的相关政策和制度供给显得较为保守，高校在质量保障方面处于被动应对的状态。近年来，我国推出的"五位一体"评估制度所倡导的"以学生发展为本位""学生和用户满意度"以及"强化质量保证体系"等理念和标准，具有与国际接轨的实质等效性。该制度有望为高等教育质量保障领域注入一股清新、充满活力的力量。特别是院校评估和专业认证制度的实施，将激励高校更加积极主动地关注并加强质量保障体系的建设。

二、我国高校教学质量保障体系的特点

(一) 紧跟世界潮流

从国外来看，1983 年，《美国新闻与世界报道》首次推出了全美大学排行榜，这标志着全球范围内的高等教育质量保障活动正在逐渐兴起。1984 年至1987 年，法国、荷兰、英国等国家相继启动了各自的质量保障活动。

从国内来看，1985 年，《中共中央关于教育体制改革的决定》中明确指出，需定期对高校的办学水平进行评估。1987 年，《科技日报》首次公布了部分高校的科研水平排行榜，显示了我国在高等教育评估领域的积极探索。1990 年，原国家教委发布了《普通高等学校教育评估暂行规定》，这标志着质量保障活动正式启动。

由此可见，我国高校教学质量保障体系的建设紧跟世界潮流。

(二) 与大众化教育进程几乎同步

我国教育家潘懋元教授指出，《中共中央关于教育体制改革的决定》标志着我国高等教育开始结合国情，有计划、有组织地逐步向大众化教育阶段迈进。基于这一观点，我国的质量保障活动发展轨迹与大众化教育进程几乎同步。具体而言，《中共中央关于教育体制改革的决定》要求定期对高校办学水平

进行评估，二十世纪九十年代，我国的质量保障工作全面铺开。1999 年后，随着高等教育的大众化进程加速，对质量保障的需求日益高涨，质量保障实践也呈现出快速发展的态势。与西方国家先实现大众化再构建质量保障体系路径不同的是，我国大众化教育进程的推进与质量保障活动紧密相连，这既体现了中国社会对质量的长期重视，也彰显了当前教育制度的特色。

(三) 政府主导、社会补充

1985 年，《中共中央关于教育体制改革的决定》确立了政府在高等教育评估中的主体地位。自二十世纪九十年代中期起，学术团体如雨后春笋般涌现，评估人才亦是层出不穷。同时，部分半官方的专业性评估机构开始崭露头角，并陆续承担了一些零星的评估任务。以下两份重要文件对此类现象予以了肯定。

(1) 教育部于 1998 年发布的《关于进一步做好普通高等学校本科教学工作评价的若干意见》明确指出，本科教学工作由教育部统一领导。目前评估工作主要由教育部高等教育司组织专家实施，未来则将委托高等学校教学工作评价专家委员会负责，并鼓励社会力量的参与。

(2) 中共中央、国务院发布的《关于深化教育改革全面推进素质教育的决定》文件强调，在高中及以上教育的办学水平评估方面，应进一步发挥非政府的行业协会的作用。由此可见，这种"政府主导、社会补充"的评估模式已初步形成。

(四) 重点突出，形式多样

本科教育作为普通高等教育的核心组成部分，其质量保障工作至关重要。本科教育工作作为本科教育的主要环节，是质量保障的重中之重。1985 年，原国家教委颁布了《关于开展高等工程教育评估研究和试点工作的通知》。这标志着我国开始对学科课程、工科院校等方面进行评估的试点工作，也明确了本科教学工作评估为重中之重的基本工作思路。在接下来的几年中，超过 200 所高校通过了合格评估、优秀评估和随机性水平评估等多种形式的评估。自 2003 年起，我国建立了五年一轮的本科教学评估制度，初步形成了由政府、社会和高校共同参与，普通高等教育、成人高等教育和高等职业教育并驾齐驱，博士、硕士、学士、专科以及高中教育协同保障的良好局面。

(五) 高校内部质量保障机制是我国高校教学质量保障体系的基础

在我国高校教学质量保障体系中，高校是实施质量保障活动的核心，也是本源。所有质量保障活动都围绕高校的内部质量保障展开。我国高校教学质量保障体系的保障主体一般由国家政府、社会中介机构和高校共同组成。质量保障活动依据的关键材料和数据，均由高校负责提供。若无此数据和材料，质量保障活动将难以顺利进行。因此，高校在教学质量保障中扮演核心角色，其构建的内部质量保障机制是整个高校教学质量保障体系的基础。

(六) 本科教学质量是高校教学质量保障体系的核心

自 1985 年起，我国启动了本科教学工作的试点评估。本科教育在高等教育中占据举足轻重的地位，普及度最高，学生人数众多。在教学评估中，本科评估周期最长，其影响范围广泛。鉴于本科教育对提升教学质量的关键作用，其教学质量自然成为了高校教学质量保障体系的核心。本科教学工作的试点评估流程包括合格评估、优秀评估和随机性水平评估等多个阶段，内容涵盖办学指导思想、师资队伍构成与素质、教学条件及其利用情况、专业建设与教学改革进展、教学管理效率、学风建设成果、教学效果以及办学特色等多个维度。

(七) 评估是高校教学质量保障体系的重要手段

高校作为培养社会所需人才的摇篮，其教学质量的社会认可度至关重要。评估是高校教学质量保障体系的重要手段，对于保障和提高人才培养质量具有不可或缺的作用。通过评估，我们可以及时发现和解决高校教学中存在的问题，推动高等教育质量的不断提升。

第二节 我国高校教学质量保障体系存在的问题

在构建教学质量保障体系时，高校应全面关注人才培养的各个环节和阶段，并实施持续、结构化和系统化的监督与控制。然而，受宏观教育环境和各种主客观条件的制约，国内高校在教学质量保障体系的构建中始终面临一些挑战和问题。因此，高校需要深入研究和解决这些问题，以便不断提高教学质量。

一、高校教学质量保障体系的观念问题

(一) 全员质量意识薄弱

在构建高校教学质量保障体系的过程中，师生尚未形成自主的质量保障意识，高校也未能成功塑造全员参与的质量文化。在推进高校教学质量保障体系建设的过程中，往往存在行动迟缓、缺乏积极主动的创新精神和主体责任意识等问题，这些问题影响了高校教学质量保障体系的建设效率。此外，高校教学质量保障的主体在涉及专业人才培养方案制定和教学质量评价等关键工作时，未能吸引相关利益者的广泛参与，特别是社会和用人单位的参与不足，反映出全员质量意识的薄弱。

(二) 质量保障理念滞后

传统的高校教学质量保障体系多以评价"教"为主，关注教师的各项教学表现，如态度、内容、方法、效果及资源等，这在一定程度上确保了"教"的质量。但"教"的质量并不等同于"学"的质量，学生的学习、成长与发展才是高校教学质量的根本。很多高校的教学质量管理工作多依赖于上级指导，质量保障理念滞后，导致质量保障工作缺乏主动性、科学性和持续性。

(三) 多方主体参与不足

在"管办评分离"政策的导向下，高校不仅要切实履行教学质量保障体系建设的主体责任，还要积极调动多方主体的积极性，充分发挥其在整个教育过程中的主体作用。然而，当前多方主体的参与度尚显不足。具体表现在以下两个方面。

(1) 用人单位的参与度偏低。高校与用人单位在教学质量保障方面的合作相对有限，导致高校在构建教学质量保障体系时缺乏与用人单位的有效联动，进而影响了用人单位在教学质量保障体系中的参与度。

(2) 行业组织的参与度有待提升。作为直接利益相关方和重要参与者，行业组织在高校教学质量保障体系建设中应发挥重要作用。但目前我国行业组织的发展尚不成熟，缺乏足够的独立性和权威性，这在一定程度上限制了其在高校教学质量保障体系建设中的功能发挥。同时，高校在高等教育质量标准和人才质量标准建设方面尚处于起步阶段，对行业组织的咨询和合作意识不强，这也影响了行业组织在教学质量保障体系中的参与度。

二、高校教学质量保障体系的组织问题

(一) 组织架构不完善

在多数高校中，教学质量监督管理部门的设置和规格与实际工作需求之间存在一定差距。部分高校尚未建立独立且专业的组织机构，不能全面规划和管理教学活动、教学质量和教学管理等相关工作。在已设立专门组织机构的高校中，部分质量保障机构并未发挥实质性的作用，不能切实履行职责。实际上，这些高校仍需依赖教务处、高等教育研究所、学术委员会、教学委员会和教学督导组等多个组织机构的协同合作，以确保质量监控工作的有效实施。另外，部分组织机构在实际工作中仍过度依赖教务处、发展规划处等，这导致这些机构之间的权责划分不够清晰，缺乏一套完善的跨机构协同工作机制。因此，质量执行、监测、评价与反馈工作往往难以达到预期的效果。此外，还有一些高校虽然设立了独立的质量保障组织机构，但该机构负责人的级别较低，其职权也十分有限。

(二) 质量保障队伍不完善

目前，高校在质量保障队伍建设方面存在明显的短板。首要问题是质量保障的人员配备远未达到理想状态，专门从事质量保障的人员数量远远不足。更令人担忧的是，部分人员仅是为了满足质量保障工作需求而从其他部门临时借调的，这导致质量保障队伍的人员结构极不稳定。此外，质量保障队伍专业素养的缺乏也是不容忽视的问题。例如，部分人员在监督测评、数据分析等技术性工作中表现得并不熟练，相关实践经验亟待加强。同时，这些人员还缺乏教学质量保障工作所必需的管理理论和保障理念，这进一步限制了他们在质量保障工作中的表现。

值得注意的是，很多高校没有将学生群体纳入质量保障队伍中。学生作为教学中的主体之一，理应作为质量保障队伍中的重要成员，积极参与质量保障工作。

三、高校教学质量保障体系的协同问题

(一) 外部质量保障与内部质量保障失衡

高校教学质量保障包括外部质量保障和内部质量保障。外部质量保障主要由高校主管部门、社会评级机构和专业认证组织负责，它们对高校的教学条件和教育水平进行监督、检查、评估和等级评定。内部质量保障是指高校通过自我质量监控机制，对人才培养的整个过程进行全员、全程的监控。外部质量保障是内部质量保障体系有效运行的重要支撑，高校可以根据外部对教育质量的要求，不断完善人才培养工作，进而保障和提高教学质量。外部质量保障与内部质量保障相互补充、相互促进，共同构成了高校教学质量保障体系。

由于国内高等教育行政权力膨胀，高校办学自主权有限，高校主管部门在高校教学质量保障中往往起到决定性的作用，高校对由政府组织的外部评估高度重视，往往是举全校之力来迎接外部评估，而对本校自行开展的内部评估相对轻视，经常只限于教学管理部门自行组织评估活动。这导致内部质量保障活动变得功利化，往往为了迎合外部审查而实施内部评估，进而失去了其应有的价值。尽管政府职能的深化改革使得高校办学自主权有所回归，但高校为了获取更多的资源，在竞争中有时不得不接受相关约束，受限于重视形式而忽视特色的评估指标。由于评估结果与资源紧密挂钩，使得那些高度依赖政府拨款的高校在追求直接利益的驱使下，评估操作出现变形，进而滋生出许多不正常的"迎评"现象。这不仅影响了受评主体的发展，也与评估活动的初衷背道而驰。

(二) 教学质量管理高度集中

当前，我国高校教学质量管理高度集中，缺乏必要的分散性。

我国高校内部的管理体制在很大程度上沿袭了国家高等教育管理体制的高度集中模式，这导致了内部管理重心的上移，使得院系层面的自主权受到限制。在质量管理方面，高校未能充分赋予院系足够的自主权，从而限制了院系在创造性质量保障工作上的发挥空间。

长期的高度集中管理导致了院系管理团队力量的薄弱，缺乏独立意识和创新精神。许多院系在教学质量管理上缺乏自主办学意识与思路，缺乏明确的目标和责任，日常教学管理更多地依赖于教务处的指导与规定，这使得高校教学质量管理政策在缺乏院系层面支持的情况下变得流于形式。

四、高校教学质量保障体系的标准问题

(一) 质量标准的建设不完善

在高校的质量标准建设环节，存在若干亟待解决的问题。

(1) 部分高校尚未确立清晰明确的质量标准，导致工作人员在各项工作的推进过程中缺乏有力的参照依据。

(2) 众多高校在解读国家及地方政府针对本科高校所设定的标准时，存在理解不足的问题，从而在制定内部质量标准时未能充分契合时代发展的需要。

(3) 大部分高校在实践教学、实验教学、学生实习和创新创业等核心教学环节上的质量标准建设尚显薄弱，而这些环节对于高校培养技术技能型人才具有至关重要的作用。

(4) 相较于传统教学环节，当前高校在质量标准建设中，对于教学管理、质量管理人员、师资以及资源等方面的投入明显不足。例如，参与质量管理的人员普遍缺乏教育评价经验，而管理人员的专业素养和能力水平对于教育教学质量的影响至关重要。

(二) 质量标准的执行不到位

许多高校尽管已制定了自身的质量标准，但在实际执行过程中却存在诸多不足。究其原因，主要包括以下几点。

(1) 高校内部管理机制尚不完善，监督和激励机制的缺失导致执行力度不足。

(2) 教育资源分配的不均衡或投入不足等问题对质量标准的有效执行也造成了影响。

五、高校教学质量保障体系的支撑问题

(一) 信息化建设滞后

在高等教育现代化发展的进程中，信息化建设占据了举足轻重的地位。信息化建设为教学质量保障体系建设提供了坚实的技术支持，而教学质量保障体系建设则为信息化建设提供了清晰的框架和规范，二者在相互促进中共同发展。尽管我国高等教育在信息化建设方面已取得了显著的进步，但仍有一部分高校在这方面存在不足，尤其是信息平台建设的滞后直接影响了教学质量保

障体系建设的推进。

高校信息平台是现代信息与数据管理技术的"结晶"，旨在实现多部门间的信息共享与资源协同，构建一个数字化的网络环境。目前，我国众多高校已建立了信息化的行政办公、科研管理、学生工作和教务管理等系统。然而，这些系统大多各自为战，缺乏统一的数据接口，形成了所谓的"信息孤岛"。

高校教学质量保障体系的建设依赖于对高校日常管理和教学数据的采集、监测与分析。然而，"信息孤岛"的存在使得不同部门间的信息系统难以实现信息的流通与共享。这导致在采集数据时，教育质量监督管理部门不得不与各个部门逐一进行沟通协调，使得许多与教育质量息息相关的信息和数据难以及时获取，无法得到有效利用，对高校教学质量保障体系建设产生了直接的影响。

(二) 第三方教育评估机构存在局限性

随着市场经济的逐步成熟和完善，市场机制开始逐渐渗透到高等教育领域，社会各界对高等教学质量保障的关注度和参与度也在逐步提升。但在立法工作相对滞后、"管办评"分离、法治保障不足的背景下，第三方教育评估机构面临着权威性不够、专业性不足、公信力缺失等问题，其评估工作所带来的实际成效显得较为微弱。

《中华人民共和国高等教育法》和《普通高等学校教育评估暂行规定》等法律法规对于社会参与高等教育质量评估、监督与问责的机制并未作出明确规定。需要强调的是，多数第三方教育评估机构属于事业单位性质，其评估权力多依赖于行政机关的行政委托，其独立性不足，易受行政机关的"意志性"和"强制性"影响。此外，这些机构在工作水平、信息采集渠道、评价标准制定等方面存在局限性，且与政府层面的评估标准多有重合。

第三节　改善我国高校教学质量保障体系的策略

一、加强质量保障意识

高校师生是推动高校教学质量保障体系建设的核心参与者。高校师生的积极参与对于体系建设的成功与否起着关键性作用。高校必须深刻理解教学质量保障体系建设的重要性和紧迫性，既要迅速行动，更要广泛动员。通过组织教师座谈会、开设专题讲座、实施系列培训以及举办各类主题活动，高校可以全方位、多角度地宣传和阐释高校教学质量保障体系建设的背景、政策导向、实际作用及深远意义。同时，高校需督促教师积极传播质量保障理念，引导学生深入理解其价值和意义，树立质量意识，从而激发全校师生投入高校教学质量体系建设的热情。

在构建高校教学质量保障体系的过程中，高校应树立"学生中心、产出导向、持续改进"的质量保障理念。这一理念应成为教学质量保障体系不可或缺的组成部分，并在各个质量保障环节中严格执行，确保这一理念深入人心、发挥实效。

二、建立完善的组织机制

高校教学质量的稳定提升与教学质量保障体系息息相关，而教学质量保障体系的顺畅运作离不开完善的组织机制。因此，在教学质量保障体系的推进过程中，高校必须致力于构建完善的教学质量管理与控制组织机制，明确教学管理部门与教学质量管理部门之间的职责关系，持续优化教学质量保障体系的运作流程，以确保教学质量的全面提升。

(一) 提升组织机构水平

为提升组织机构水平，高校应基于自身办学特色，从以下几个关键方面着手。

(1) 完善教学质量保障体系的各级组织机构，构建包括校级领导、院级教学组织部门和基层教学单位在内的多层次、多类型的组织架构。

(2) 明确各组织机构的职责与定位，确保独立性，改善对教务处的过度依赖。清晰界定质量保障各级组织机构与教务处的职责，确立教务处的管理职能、院级组织机构的执行职能以及校级质量保障机构的评估职能，实现"管办评"分离，充分发挥院级组织在质量保障中的一线作用，为构建统一管理、分工协作、权责分明的质量保障组织体系奠定坚实基础。

(3) 强化各组织机构间的协调合作与沟通交流，激发各机构主动获取教学信息、积极参与质量保障工作的意识，构建权责明确、跨机构协同的质量保障机制。

(4) 根据教学工作需求，适当调整质量保障组织机构的规模，合理设置岗位，优化人员配置，明确人员标准，提升专业能力，并加强学习与培训。

(5) 在信息化背景下，质量保障组织机构应提升信息技术应用能力，利用新技术优化部门沟通方式，增强数据收集、处理与分析能力，确保质量管理工作的智能化与科学化。

(二) 提高质量保障人员的素养

高效、完善的教学质量保障队伍，对高校构建全面且科学的质量标准、确保质量保障组织机构顺利运作，以及实施有效的教学质量监控具有至关重要的意义。

为提高质量保障人员的专业素养，高校应强化他们在心理学、教育学、管理学等领域的知识储备，并培养他们的管理与服务意识。此外，高校应建立健全学生信息员制度，充分发挥学生信息员的作用，从学生的视角收集教学反馈，从而提升教学监控的效果。

高校要不断优化质量保障队伍的结构，扩充质量监控人员和监督人员的数量，同时提升质量管理人员和专任教师的学历，完善年龄结构的合理性。选拔一批具备专业能力、勤奋刻苦、技艺高超的专业人员，以确保教学质量的稳定提升。

此外，高校应有计划、分层次、分类别地对质量保障人员进行培训，以提升他们的研究能力、工作态度和信息技术应用能力。同时，加强各类质量保障队伍的稳定性，并建立相应的考核评价制度与标准，以提升质量保障人员的专业素养。确保质量保障队伍熟悉教学流程、掌握教学规律、理解高校规章制度及工作部署，既具备理论知识，又具备实际操作能力。最后，高校要优化质量保障人员的待遇，全面落实激励与奖惩制度，以激发他们参与质量保障工作的积极性。

三、平衡多元利益主体关系

在高等教育迈向普及化的进程中，其发展的重心正逐步向开放性与多元化倾斜，特别是高校与多元利益主体之间的关联日益紧密。鉴于此，高校教学质量保障体系应清晰界定各利益主体在质量保障工作中的权利与责任，构建多元利益主体间的长期合作机制。同时，高校应深入推进"管办评"分离改革，加快形成政府宏观引导、高校自主保障、社会有序参与的多方协同共建新局面，以此确保高等教育质量的持续提升。

（一）政府宏观引导

在我国，随着社会主义市场经济体制的不断完善和高等教育运行机制的变革，高等教育的办学目标与发展需求已促使政府逐步减少对高等教育的直接行政管理，并逐步转向以经济和法律手段为主的间接宏观引导。在构建高校教学质量保障体系的过程中，政府主要扮演引导高等教育发展方向、规范各项教育活动行为、促进体系持续、协调、稳定发展的角色。

具体而言，政府应深化简政放权，强化服务意识，以统筹与服务为核心，从"做评价"转变为"管评价"，逐步健全以政府为主导的综合评价体系。政府应不断推动其职能转变，激发高校办学特色和活力，同时充分激发社会参与质量监督的积极性。政府应完善相关法律法规，既规范多元利益主体参与质量保障的行为，又确保质量保障活动有法可依，为体系内多元主体共建优质教育环境提供制度保障。此外，政府应强化问责机制，建立健全相关资格认证体系，加强对社会参与评估的监管，防范因社会第三方评估机构追求利益而导致的市场失灵行为，确保高校教学质量保障体系的健康、稳定、持续发展。

（二）高校自主保障

高校外部质量保障为周期性、非日常化的活动，这使其难以与高校内部的日常教学、科研等活动相协调。因此，高校应自主开展一系列内部质量保障活动。为了保障高校的办学水平和人才培养质量，高校必须坚持并持续优化内部质量保障体系的建设，这是实现高等教育内涵式发展的核心路径。首先，高校必须确保外部质量保障能够引导高校发展自身特色，服务于内部质量的改进与提升。其次，高校应不断优化内部质量保障体系，以提高其适应性、完整性和问题针对性，进而提升体系的运行效率与实际价值。再次，高校应积极利用现代化新技术，提高治理能力和效能，建立常态化的教育质量监测评估机制，从而改变被动接受评价的局面，使质量保障工作长期化、制度化和规范化。最后，高校必须坚持以学生为本的原则，加快培育高校质量文化，积极回应教师、学生等多元利益主体的价值诉求，推动高校形成基于自主、自律和自信的"内生型"质量监控与改进机制。

(三) 社会有序参与

无论是政府、高校，还是第三方评估机构作为主导，都存在难以克服的内在矛盾。除了政府外，社会力量在高校外部质量保障体系中扮演着重要角色。因此，我们需要优化并加强第三方评估机制，确保社会参与在外部质量监督中的主体地位得到落实。首先，我们必须提高第三方评估机构的独立性，以保障评估结果的可靠性。这要求我们在操作过程中坚守客观中立的价值观，确保评估的公正性。同时，我们应寻求多元化的经费筹措渠道，降低对单一主体的依赖，从而保证评估机构的可持续性。其次，我们需要提升社会评价与监督的专业化水平，以确保评估结果的专业性与有效性。这包括建立行业评估活动的专业规范，完善信息公开制度等，以提高评估结果的公信力。最后，我们应积极强化与发展行业力量，增强行业主体的意识与责任感。

四、构建完善质量标准

在构建高校质量标准时，我们必须严格遵循国际、国家及地方政府所制定的相关标准，同时积极响应企业界的需求，确保培养的人才既具备扎实的理论知识，又拥有出色的实践能力，真正实现人才的全面发展。此外，高校还需深入审视自身的办学定位，紧密结合自身的办学经验与特色，确立符合自身实际的人才培养目标。在此基础上，高校应从专业教学、教学过程、教学管理三个层面出发，细化并制定出符合高校内部实际的质量标准，确保高校在质量保障工作中真正做到"量体裁衣"，用适合自己的尺子来衡量自身的进步与发展。

(一) 加强专业教学质量标准的建设

专业教学质量标准为高校专业建设和人才培养设定了基准线，高校应依据这些标准来开展专业设置、教学质量监督与评价工作。从国际视角来看，欧洲不仅推出了工程教育专业认证体系，而且非常注重根据国家及行业的需求，制定与自身特色化人才培养目标相匹配的专业标准。从国家层面来看，我国自2013年起对近100个本科专业制定了质量标准，这成为了各级院校制定专业质量标准的基本依据。需要强调的是，高校在制定专业标准时，还需结合地方经济形势的变化、用人单位对人才的需求变化以及高校自身的办学特色，及时对专业教学质量标准进行调整和更新。

(二) 加强教学过程质量标准的建设

首先，高校需确立一套统一、规范的教学标准，覆盖教师授课内容、方法、课后作业布置与批改、学生答疑等各环节，确保这些环节能够发挥实效，而非仅仅流于形式。同时，高校应坚持以学生为中心，以学习产出为导向的教育理念，制定学生在学习过程中的行为规范，以及明确的学习成果质量标准。这些标准不仅包括量化指标，还应融入能够体现学生个性化差异的质性评价要素。其次，高校还应建立一套科学的教学效果评估标准，以全面、客观地评价教学质量。最后，高校在构建教学过程质量标准体系时，还应特别关注实践教学环节的质量标准建设，包括实习实训、毕业论文(设计)、实验课程等环节的质量标准，以确保学生在实践中能够真正提升应用能力和综合素质。

(三) 加强教学管理质量标准的建设

(1) 高校应根据行业需求、培养目标和教学实际情况，完善人才培养方案，并强化课程建设、教材建设以及课程考核质量标准的建设。这些质量标准必须详尽具体，避免使用笼统的制度文件，以确保在教学管理工作的各个环节中都能找到明确的参考依据。

(2) 高校要充分发挥质量标准的引导和约束作用。通过宣传、教育或培训等方式，提升质量保障队伍全员对质量标准的理解和领悟，从而确保质量标准在质量保障的全过程中发挥导向作用。此外，教学管理质量标准不仅应关注学生，还应关注教师。从教师准入、教学过程到教学评价，高校都应建立严格、细化的标准。

(3) 高校要加强教学资源质量标准的建设，特别是对于应用型教材的选用、编写及更新工作，这会有助于提升教学资源的质量，为教学工作的顺利开展提供有力保障。

五、加强质量保障支撑

针对质量保障支撑方面的问题，高校一方面应加强信息化建设，做到硬件、软件协同推进，外引内培建强人才队伍；另一方面应完善法规体系，深化法制建设，明确各方权责，保障评估的有效、权威。

(一) 加强信息化建设

高校信息化建设需以"硬实力"与"软生态"协同推进。高校应加大信息化硬件的投入，确保全校各部门、各单位均配备尖端的信息终端，进而完善整体的信息化基础设施。同时，高校应汇聚优质资源，在软件建设方面积极引入社会力量，携手高科技企业共同打造全面覆盖、功能强大的信息化管理系统。此外，高校还应积极探索并拓宽信息化人才队伍建设的路径，采取外部引进与内部培养并重的策略，加大信息技术专业人才的培育力度，包括信息化理念的灌输、基础信息技能的教授以及专业信息技能的培训，以确保广大教职员工能够深入理解并熟练运用信息化技术。

(二) 完善法规体系

高校应不断深化和完善教学质量保障的法制建设及其执行机制，有效应对并解决质量保障领域所存在的评估政策法规滞后、法律效力不足、操作难度较大等问题，进而推动高校教学质量保障活动的法治化、规范化与常态化。通过制定法律法规，明确界定评估主体的权利与义务关系，以及职能的边界，助推高校落实管理与评估的分离，为社会各界参与高校教学质量保障活动及多元利益主体间的合作提供明确的法律依据。相关法律应明确各类评估机构的合法地位及其相互关系，并加速对利益相关方的权责进行法律界定，确保第三方教育评估机构在参与质量评估与监督时保持相对独立性，既确保评估结果的有效性，又提升其权威性和公信力。

第四章
高校教学质量外部保障体系

高校教学质量外部保障体系是高校教学质量保障体系的重要组成部分。高校教学质量外部保障体系通常由政府部门、行业协会、用人单位和社会监督机构等组成，这些机构各自拥有不同的职责和功能。在高校教学质量外部保障体系中，外部评估是最主要的手段之一，其目标是促进高校持续改进、提高教育教学质量。本章主要介绍高校教学质量外部评估体系、教育评估中介机构的特征与运行机制、市场对高校教学质量的调节，以及社会对高校教学质量的监督评价。

第一节 高校教学质量外部评估体系

外部评估通常是指由全国性或区域性的教育主管部门或质量保障机构采用一系列评估工具和方法，对高校进行的质量审核、质量评估和社会评价活动。评估结果可以为高校提供有价值的反馈，帮助高校识别其优势和不足，制定改进计划，提高教学质量。随着高等教育的发展，高校教学质量外部评估逐渐得到政府的重视，并逐步加强。在我国高等教育由大众化阶段迈入普及化阶段的过程中，构建科学、合理、公正及权威的外部评估体系有利于确保高等教育教学质量。

一、外部评估的地位与作用

(一) 外部评估的地位

近年来，随着教育的普及和高等教育的快速发展，许多高校都开始引入外部评估机制，以进一步提升教学质量。从国际上看，外部评估是众多国家和地区确保高等教育教学质量的关键方式。很多发达国家开展高等教育评估已经有几十年甚至上百年的历史，并且越来越重视评估，把评估看成是加强宏观调控，提高高等教育教学质量的重要举措。我国提高高等教育教学质量的一个关键举措是，坚持"以评促建、以评促改、以评促管、评建结合、重在建设"的方针，科学合理地开展外部评估。实践证明，评估工作在促进高校转变教育思想，树立现代教育观念，加强教学工作，落实教学工作中心地位，改善办学条件，规范教学管理，提高教学质量等方面，发挥着非常重要的作用，得到了社会各界的充分肯定和高度评价。

1994 年，泰勒(Rlaph W.Tayler)曾指出"教育评价就是衡量实际活动达到教育目标的程度"，该观点认为评估是教学过程的一个环节，用来判断、衡量、评定教学所起的作用和产生的价值，主要强调教育评价的调节、激励和促进教学的功能。二十世纪六七十年代，美国著名教育评价专家斯塔弗尔比姆(Stufflebeam)提出"评价的最重要意图不是为了证明，而是为了改进"，这一观点也是从增进教育性、教育价值方面的角度来认识评估的。同时，评估还有一种社会属性。从管理角度讲，评估通过导向、激励、调节与控制功能为教育教学确立法则。例如，克龙巴赫(Cronbach)在 1963 年提出"评估是为决策提供信息的过程"，这在很大程度上就是立足于评估的管理属性而展开的。

(二) 外部评估的作用

1. 质量保障作用

外部评估为高等教育构建了推动其持续提升质量的良性外部环境。这种环境包括政府设立科学、合理、公正且权威的评估制度，制定相关政策法规，使得对高等教育的监管有据可依。随着高等教育的发展，政府和社会对其管理逐渐从直接转向间接。在此背景下，一批独立、中介性质的第三方评估机构应运而生。在第三方评估机构的协调下，政府、社会和高校共同推动高等教育教学质量的提升改进。同时，外部评估还为高等教育确立了一个得到政府、社会和高校共同认可的质量标准。

2. 桥梁作用

目前，影响高等教育教学质量的外部力量主要有政府、生源市场、社会和第三方评估机构。在现代高等教育的形成过程中，无论是政府，还是社会、生源市场都希望对高等教育的发展施加自己的影响；反之，高等教育的发展也离不开政府和社会各界的支持。在这种情况下，以中介机构为主体的外部评估充当了联系与协调高校、政府、生源市场与社会之间的"桥梁"。具体而言，一方面，第三方评估机构通过评估、鉴定等方式将政府的要求以及社会各界多元化的需求反馈给高校，促使高校作出相应的努力，以满足政府与社会、生源市场的需求；另一方面，外部评估通过评审报告、质量数据和递交的年终工作报告等方式，将高校的诉求和建议传递给政府部门及社会各界。

3. 导向作用

外部评估通过对高校办学质量、教学水平、科研实力、学生发展、社会服务等多个维度进行全面、客观的评价，为高校提供了一个清晰的外部视角和自我审视的"镜子"。在评估过程中，评估标准和指标体系的设置往往反映了当前高等教育发展的主流趋势和最新要求，如注重创新能力培养、强调实践教学与理论教学的结合、关注学生综合素质的提升等。这些标准和指标不仅为高校指明发展的方向，也促使高校在日常管理和教学科研活动中更加注重这些方面的建设和投入。此外，外部评估的结果往往与高校的声誉、排名、经费支持等紧密相关，这也进一步强化了外部评估的导向作用。高校为了获得更好的评估结果，会积极对照评估标准和指标体系进行自我检查和改进，不断优化内部管理和资源配置，提升办学水平和教育质量。

4. 公信力作用

评估公信力是指在教育评估过程中因公众的普遍信任而产生的综合效力。二十世纪七八十年代以来，随着高等教育的快速发展，人们开始对高等教育教学质量提出质疑。外部评估以有关法律、条例和政策为依据，对高校进行外部的质量鉴定与评审，对高校教学质量作出公正的判断，并将评估结果公布于社会，为用人单位、学生和家长择校提供较为可靠的依据，并使社会各界对高校的办学质量有一个比较清楚的了解。

二、我国高等教育外部评估的发展历程

政府组织的高等教育评估是目前最主要的外部评估类型，主要包括本科教学评估、专业认证、教育督导检查、学位与研究生教育排名以及高职高专评估。就政府组织的高等教育评估而言，我国的高等教育评估已经有 40 余年的发展历史，具体如下。

(一) 评估启动阶段(1985—1993 年)

从我国教育发展来看，高等教育评估是从 20 世纪 80 年代开始起步的。随着发达国家高等教育发展从精英教育迈向大众教育，人们对高质量高等教育的呼声日益高涨。在此背景下，建立"中国国际教育成就评价中心"事务开始由国家教委负责。与此同时，在国际交流上，我国于 1984 年正式成为"国际教育成就评价协会"成员。由此，我国本科教学评估制度的形成与发展有了国际性经验的支持。

1985 年颁布的《中共中央关于教育体制改革的决定》首次在政策层面提及"评估"，这被国内高等教育界公认为是本科教学评估体制建立的开端。之后，我国又陆续颁布了一系列相关政策，用以指导这一时期在我国试行的高等教育评估。

自 1986 年起，教育行政部门在全国不同省市的 35 所高等工科院校进行了500 余个专业的评估试点工作，评估具体内容包括办学水平评估、专业评估和课程评估。同时，为保障工科院校评估活动的顺利展开，国务院颁布了《高等教育管理职责暂行规定》，从政策上推动相关教学文件和评估方法的完善。在实践指导上，原国家教委还委派考察团前往美国等国家学习，对国外成熟的评估制度进行了专题考察与汇报。截至 1990 年，总计有 500 多所高校参与了此次评估。由此可以看出，这一阶段的工科院校试点评估为接下来本科教学评估制度的正式施行和推广积累了丰富经验。

1990 年 10 月，我国首部关于高校教学评估的行政法规性文件——《普通高等学校教育评估暂行规定》发布，该文件对本科教学评估的评估形式、评估机构、评估程序等作出了相关规定，标志着我国本科教学评估制度进一步规范化。

(二) 评估探索阶段(1994—1999 年)

自 1994 年起，我国开启了不同形式、不同类型院校的本科教学评估探索和实践。1994 年，国家评估小组对以天津城建学院为代表的 9 所院校进行了评估，在该轮评估中，评估小组要求针对不同科类的本科教学评估研究制定针对各科的高校教学评估方案。截至 1999 年，评估小组共对 148 所新建本科院校进行了合格评估。

1995 年，《中华人民共和国教育法》发布，其中第 24 条明确规定"国家实行教育督导制度和学校及其他教育机构教育评估制度"，由此，评估制度已被确定上升至法律的高度。

1998 年，《中华人民共和国高等教育法》出台，其中第 44 条明确规定"教育行政部门负责组织专家或者委托第三方专业机构对高等学校的办学水平、效益和教育质量进行评估"。《中华人民共和国高等教育法》相关条文对于评估制度的解释，为本科教学评估法制化轨道的建设和完善奠定了基础。

在评估探索阶段，教育部先后出台了工科类、医科类、农林类、综合类等 9 个不同种类的合格评估方案和指标体系，以及 4 个不同科类的优秀评估方案和指标体系。合格评估、优秀评估和随机性评估指标体系都是典型的层次模型，分为一级指标、二级指标、三级指标。其中，合格评估和优秀评估的一级指标有 11 项，随机性评估的一级指标只有 7 项。表 4-1、4-2 和 4-3 三个表分别是合格评估的一级指标、优秀评估的一级指标和随机性评估的一级指标。

表 4-1　合格评估的一级指标

一级指标	领导投入	经费投入	师资队伍
	教务管理	教学装备	专业建设
	课程建设	实践教学	学风建设
	课程测试	综合素食	—

表 4-2　优秀评估的一级指标

一级指标	教学指导思想与思路	教学条件	师资队伍
	教务管理	教学改革	专业建设
	课程建设	实践教学	学风与环境
	教学效果	社会评价	—

表 4-3　随机性评估的一级指标

一级指标	办学指导思想	师资队伍	教学条件与利用
	教学建设与改革	教学管理	学风
	教学效果	—	—

(三) 评估全面实施阶段(1999—2009 年)

1999 年,我国高等教育迎来了一个历史性的转折点——高校扩招。高校之间的合并重组、新建院校的兴起,使得我国高等教育从"精英化"教育逐步向"大众化"教育转型。但由于转变时间短,转变速度快,一些高校过度注重规模的扩大,而忽视了教学质量的提高,导致质量意识不强。高校之间的合并重组虽然增强了高校的实力,但其内部结构也发生了变化。随之而来的本科教学评估模式也受到了相应的影响。因此,在 2000 年,教育部规定将现施行的三类评估统一整合为本科教学工作水平评估。

2004 年 8 月,教育部高等教育教学评估中心成立,同时,教育部高教司颁布了《普通高等学校本科教学工作水平评估方案(试行)》(以下简称"《方案》")。《方案》首次对高校本科教学水平评估重点和指标作出了解释说明。该《方案》是这一阶段的代表性政策,直接指导了这一阶段对于各类学校开展的水平评估工作。

2005 年 1 月,教育部出台《关于印发<关于进一步加强高等学校本科教学工作的若干意见>的通知》,再次强调了建立政府、高校和社会有机结合的本科教学评估主体体系。周期性本科教学评估制度的确立和教育部高等教育教学评估中心的成立,标志着评估进入全国性、规模化的全面实施阶段。

首轮本科教学工作水平评估于 2003 年开始,2008 年基本结束,共对 589 所高校展开了评估。首轮水平评估对教学过程的所有要素进行综合性考察和分析,使被评高校确立了本科教学工作的中心地位。

(四) "五位一体"评估阶段(2010 年起)

2010 年,《国家中长期教育改革和发展规划纲要(2010—2020)》(以下简称"《纲要》")出台。《纲要》专门指出要改进我国教学评估工作。

作为配套文件,2013 年 10 月,教育部颁布了《关于普通高等学校本科教学评估工作的意见》(以下简称"《意见》")。《意见》确立了以高校自我评估为基础,以院校评估、专业认证、常态监测、国际评估为主要内容,政府、高校、专门机构和社会评价相结合的"五位一体"的教学评估制度。所谓"五位一体",是指学校的自我评估、政府力推的分类院校评估(包括合格评估、审核评估)、行业参与的专业认证与评估、实质等效的国际评估和以数据库为基础的常态监测等多主体、多形式的有机结合。

在《意见》提出的五种形式和内容的评估中，最先进行试点和实施的是合格评估，针对的仍是新建本科院校。作为配套文件，2011 年，教育部办公厅印发了《普通高等学校本科教学工作合格评估指标体系》。至 2011 年底，全国共有 37 所高校接受了合格评估。为贯彻《纲要》的分类评估思想，2013 年，教育部制定了《普通高等学校本科教学工作审核评估实施办法》，并决定于 2014 年～2018 年期间在我国开展本科教学审核评估，对审核评估标准、评估对象、评估结论等作了明确规定。截至 2018 年 7 月，我国共有 560 所高校参加了审核评估。

三、外部评估的常见类型

目前，外部评估的常见类型主要包括普通高等学校本科教学工作合格评估、审核评估和专业评估(专业综合评估、本科新设专业评估等)。需要强调的是，本小节"外部评估的常见类型"相关内容主要引用《普通高等学校本科教学工作合格评估实施办法》《普通高等学校本科教学工作合格评估指标体系》《普通高等学校本科教育教学审核评估实施方案(2021—2025 年)》《江苏省普通高等学校本科专业综合评估工作实施方案(2020 版)》《江苏省普通高等学校本科专业综合评估通用指标体系(2021 版)》《江苏省普通高等学校本科新设专业评估工作方案(试行)》《江苏省普通高等学校本科新设专业建设基本要求(试行)》。本节主要以江苏省为例，对常见的外部评估进行介绍。

(一) 普通高等学校本科教学工作合格评估

为贯彻落实《国家中长期教育改革和发展规划纲要(2010—2020 年)》精神，不断提高本科教育教学质量，根据教育部《关于普通高等学校本科教学工作评估的意见》特制定普通高校本科教学工作合格评估实施办法。

1. 合格评估的评估对象

普通高等学校本科教学工作合格评估(以下简称"合格评估")方案适用于未参加过教学工作评估的各类新建普通本科学校(以下简称"新建本科学校")，包括经国家正式批准独立设置的民办普通本科学校。

2. 合格评估的评估条件

根据《普通高等学校本科教学工作合格评估实施办法》，参加普通高等学校本科教学工作合格评估的学校须具备以下三个条件：

(1) 有 3 届以本校名义招生的普通本科毕业生;

(2) 当年没有被限制招生或者暂停招生;

(3) 学校上一年度生均预算内教育事业费拨款必须达到财政部《关于进一步提高地方普通本科高校生均拨款水平的意见》(财教〔2010〕567 号)规定的相应标准。

需要强调的是,教育部规定,已有 5 届本科毕业生的新建本科学校应当参加合格评估。对于因未能达到评估条件而推迟评估的学校,在其推迟评估期间,教育部将采取暂停新设本科专业备案、减少招生人数等限制措施。

3. 合格评估的评估程序

合格评估的评估程序主要包括:学校自评、专家进校评估、结论审议与发布等环节。

1) 学校自评

参与评估的学校根据《普通高等学校本科教学工作合格评估实施办法》及《普通高等学校本科教学工作合格评估指标体系》文件要求,有计划地开展自评活动,并在全面自评的基础上,形成《学校自评报告》和《教学基本状态数据分析报告》,反映学校的教学工作的实际情况和改进方向。

2) 专家进校评估

教育部评估中心组建专家组赴参评学校进行现场考察评估。专家组在审核《学校自评报告》和《教学基本状态数据分析报告》的基础之上,通过深入访谈、现场听课、查阅材料、考察座谈等形式,对学校教学工作做出公正、客观的评价,形成《专家组评估报告》,并给出评估结论建议。

3) 结论审议与发布

专家委员会审议《专家组评估报告》,并作出评估结论。合格评估结论分为"通过""暂缓通过"和"不通过"三种。教育部评估中心根据专家委员会审议的结果,正式发布评估结论。评估结论为"通过"的学校,将进入下一轮普通高等学校的审核评估。学校的整改情况将作为审核评估的重要内容。评估结论为"暂缓通过"的学校,将给予 2 年的整改期限。而评估结论为"不通过"的学校,将给予 3 年的整改期。在此整改期间,应采取必要的限制性措施,包括控制招生规模、暂停新设本科专业备案等。整改期满后,学校需主动提出重新评估的申请。对于重新评估后达标的学校,可参与下一轮普通高等学校的审核评估;若仍未通过评估,将被视为教育教学质量不符合要求,并将依法给予相应的处理。

4. 合格评估的指标体系

2011 年，教育部办公厅印发了《普通高等学校本科教学工作合格评估指标体系》，如表 4-4 所示。

表 4-4　普通高等学校本科教学工作合格评估指标体系(2011 年版)

一 级 指 标	二 级 指 标
1. 办学思路与领导作用	1.1　学校定位
	1.2　领导作用
	1.3　人才培养模式
2. 教师队伍	2.1　数量与结构
	2.2　教育教学水平
	2.3　培养培训
3. 教学条件与利用	3.1　教学基本设施
	3.2　经费投入
4. 专业与课程建设	4.1　专业建设
	4.2　课程与教学
	4.3　实践教学
5. 质量管理	5.1　教学管理队伍
	5.2　质量监控
6. 学风建设与学生指导	6.1　学风建设
	6.2　指导与服务
7. 教学质量	7.1　德育
	7.2　专业知识和能力
	7.3　体育美育
	7.4　校内外评价
	7.5　就业

(二) 审核评估

审核评估是我国高等教育评估体系中的关键一环，是我国开展"院校评估"所采取的一项模式。该模式是在总结我国高等教育评估最新实践的基础上形成的，其核心在于对高校人才培养的目标与效果进行客观、公正的评估，以促进高校办学自主化和多样化的实现，同时强化学生的主体地位。通过深入评估参评对象内部质量保障体系的建设情况，实现对教学质量的外部有效监控。审核评估每 5 年一个周期。

1. 审核评估的评估对象

经国家正式批准独立设置的普通本科高校均应参加审核评估。其中，新建普通本科高校应先参加普通高等学校本科教学工作合格评估，原则上获得"通过"结论 5 年后方可参加本轮审核评估。

2. 审核评估的分类

依据高等教育整体布局结构、高校办学定位、服务面向及发展实际，新一轮审核评估被划分为两大类。高校应遵循大学章程和发展规划，全面考量自身的办学定位、人才培养目标以及质量保障体系建设情况等因素，自主决定参与哪一类评估。

(1) 第一类审核评估针对具有世界一流办学目标、一流师资队伍和育人平台，培养一流拔尖创新人才，服务国家重大战略需求的普通本科高校。评估工作将重点聚焦于考察建设世界一流大学所必备的质量保障能力，以及本科教育教学综合改革举措与成效。

(2) 第二类审核评估针对高校的办学定位和办学历史不同，具体分为三种：第一种适用于已参加过上轮审核评估，重点以学术型人才培养为主要方向的普通本科高校；第二种适用于已参加过上轮审核评估，重点以应用型人才培养为主要方向的普通本科高校；第三种适用于已通过合格评估 5 年以上，首次参加审核评估、本科办学历史较短的地方应用型普通本科高校。第二类审核评估重点考察高校本科人才培养目标定位、资源条件、培养过程、学生发展、教学成效等。

3. 审核评估的评估程序

审核评估的评估程序包括评估申请、高校自评、专家评审、反馈结论、限期整改、督导复查。

1) 评估申请

高校需向教育行政部门提出评估申请，包括选择评估的类型和评估时间。中央部门所属高校(包括部省合建高校，下同)向教育部提出申请。地方高校向省级教育行政部门提出申请，其中申请参加第一类审核评估的高校由省级教育行政部门向教育部推荐。教育部普通高等学校本科教育教学评估专家委员会(以下简称"教育部评估专家委员会")审议第一类审核评估参评高校。

2) 高校自评

高校自评是审核评估中的重要任务和基础环节。高校成立由主要负责人任组长的审核评估工作领导小组，落实主体责任，按要求参加评估培训，对照评估重点内容和指标体系，结合实际以及上一轮评估整改情况，制订工作方案，全面深入开展自评工作，形成《自评报告》并公示。对于报告中所涉及的所有数据，高校必须准备相应的支撑材料。

3) 专家评审

评估专家统一从全国审核评估专家库中产生，人数为15~21人。专家组采取审阅材料、线上访谈、随机暗访等方式进行线上评估，在全面考察的基础上，提出需要入校深入考察的存疑问题，并形成专家个人线上评估意见。专家组组长根据线上评估情况，确定5~9位入校评估专家，在2~4天内重点考察线上评估提出的存疑问题。综合线上评估和入校评估总体情况，制订问题清单，形成写实性《审核评估报告》。

4) 反馈结论

教育部和各省级教育行政部门分别负责审议《审核评估报告》，通过后将其作为评估结论反馈给高校，并在一定范围内公开。对于突破办学规范和办学条件底线等问题突出的高校，教育部和有关省级教育行政部门要采取约谈负责人、减少招生计划和限制新增本科专业备案等问责措施。

5) 限期整改

高校应在评估结论反馈30日内，制订并提交《整改方案》。评估整改应坚持问题导向，找准问题原因，排查薄弱环节，提出解决举措，加强制度建设。建立整改工作台账，实行督查督办和问责制度，持续追踪整改进展，确保整改取得实效。

6) 督导复查

教育部和各省级教育行政部门以随机抽查的方式，对高校整改情况进行督导复查。对于评估整改落实不力、关键办学指标评估后出现下滑的高校，将采取约谈高校负责人、减少招生计划、限制新增本科专业备案和公开曝光等问责措施。

4．审核评估的指标体系

审核评估实行的是分类评估，因此其指标体系也分为两类。第一类审核评估指标体系如表4-5所示，第二类审核评估指标体系如表4-6所示。

表4-5　第一类审核评估指标体系(一级指标和二级指标)

一 级 指 标	二 级 指 标
1. 党的领导	1.1　党的全面领导和社会主义办学方向
2. 质量保障能力	2.1　质保理念
	2.2　质量标准
	2.3　质保机制
	2.4　质量文化
	2.5　质保效果
3. 教育教学水平	3.1　思政教育
	3.2　本科地位
	3.3　教师队伍
	3.4　学生发展与支持
	3.5　卓越教学
	3.6　就业与创新创业教育

注：教育教学综合改革是指学校系统性、整体性、前瞻性、协同性的本科教育教学综合改革与创新实践，且在国际上具有一定代表性。

表4-6　第二类审核评估指标体系(一级指标和二级指标)

一 级 指 标	二 级 指 标
1. 办学方向与本科地位	1.1　党的领导
	1.2　思政教育
	1.3　本科地位

续表

一 级 指 标	二 级 指 标
2. 培养过程	2.1　培养方案
	2.2　专业建设
	2.3　实践教学
	2.4　课堂教学
	2.5　卓越培养
	K 2.6　创新创业教育
3. 教学资源与利用	X 3.1　设施条件
	3.2　资源建设
4. 教师队伍	4.1　师德师风
	4.2　教学能力
	4.3　教学投入
	4.4　教师发展
5. 学生发展	5.1　理想信念
	5.2　学业成绩及综合素质
	K 5.3　国际视野
	5.4　支持服务
6. 质量保障	6.1　质量管理
	6.2　质量改进
	6.3　质量文化
7. 教学成效	7.1　达成度
	7.2　适应度
	7.3　保障度
	7.4　有效度
	7.5　满意度

注：K 为"特色可选项"标识，X 为"首评限选项"标识。

(三) 专业评估

1. 专业综合评估

普通高等学校本科专业综合评估(以下简称为"专业综合评估")工作是由教育行政部门建立的对普通高等学校本科专业改革与建设进行常规性检查和管理制度。

1) 专业综合评估的评估对象

专业综合评估的评估对象为普通高等学校具有四届及以上毕业生的所有本科专业。

2) 专业综合评估的评估程序

专业综合评估主要包括高校(专业)自评、材料公示、材料核查评审、现场考查、审议并公布评估结论等环节。

(1) 高校(专业)自评。各高校在全面总结和分析专业建设情况的基础上，填写并上报《状态数据统计报表》，同时按照评估框架以及上一次专业评估存在问题的持续改进情况，结合自身实际，填写并上报《专业综合评估自评表》，同时做好相关支撑材料的分类整理工作。

(2) 材料公示。为广泛接受社会监督，确保评估工作的公平、公正，各参评专业综合评估的相关评价材料都将在本科专业综合评估信息公示系统进行公示。

(3) 材料核查评审。专家将在网上审核《专业综合评估自评表》《状态数据统计报表》和相关支撑材料，围绕定量和定性指标进行评审，形成初步的审核意见。在网络评价过程中，如果对数据和材料有疑义，可要求书面解释，也可向省教育评估院建议组织专家开展专业现场答辩或现场考查。专家对于专业定量数据的审核结果，需要相关高校进行核实和确认。

(4) 现场考查。根据专家网上的审核建议，确定现场考查专业点名单，组织专家组现场考查。专家组现场考查时间一般为2～3天，在考查前两周通知到专业所在高校。

(5) 审议并公布评估结论。专家委员会审核各评估专业的评估情况，形成当年度评估建议结论。省教育厅公布年度专业评估结果。评估结论分为"通过""暂缓通过"和"不通过"。对评估结论为"通过"的专业，根据所有二级指标的评定等级，按照"五星""四星"和"三星"的预定比例确定专业的星级；对评估结论为"暂缓通过"的专业，要求高校在下一年度内完成整改，整改期间对该专业限制招生，对该高校控制新设专业；对"不通过"的专业，高校暂停该专业招生、暂停教学建设项目申报并督促整改，并连续跟踪评估；对于连续两次评估结论为"不通过"的专业，将减少或停止该专业的财政拨款。

3) 专业综合评估的指标体系

江苏省普通高等学校本科专业综合评估通用指标体系(2021 版)如表 4-7 所示。

表 4-7　江苏省普通高等学校本科专业综合评估通用指标体系(2021 版)

一 级 指 标	二 级 指 标
1. 专业目标与要求	1.1　专业设置与规划
	1.2　培养方案
2. 师资队伍	2.1　教书育人
	2.2　师资结构
	2.3　教师教学和科研创作水平与业绩
	2.4　教师精力投入
3. 教学资源	3.1　教学条件
	3.2　教学投入
	3.3　社会资源的利用
4. 培养过程	4.1　课程体系结构
	4.2　课程教学的实施
5. 学生发展	5.1　招生与生源情况
	5.2　学生学习指导与跟踪
	5.3　就业与发展
6. 质量保障	6.1　教学质量监控
	6.2　持续改进
7. 附加项目	7.1　专业特色

2. 本科新设专业评估

本科新设专业评估是本科专业综合评估的有机组成部分。新设专业评估后，相关专业将自动转入综合评估体系。

1) 本科新设专业评估的评估对象

本科新设专业评估的评估对象包括省属、地市属本科院校(含民办本科院校、独立学院)中的以下专业：在《普通高等学校本科专业目录(2012年)》和《普通高等学校本科专业设置管理规定》(教高〔2012〕9号)颁布以后，经教育部备案或审批、首届学生将于次年毕业的专业，含四年制和五年制普通本科专业。部委属院校以及中外合作办学高校的同批次专业，可自愿申请参加评估。

2) 本科新设专业评估的评估程序

本科新设专业评估的评估程序主要包括专业自评、专家评审、结论审议和公示公布等环节。

(1) 专业自评。高校按照相关文件要求，组织参评专业开展专业自评，填报状态数据统计报表，并形成自评报告，同时准备好相关佐证材料。

(2) 专家评审。专家评审包含材料评审与现场考察。专家组在评估管理系统上对各学校上报的评估材料开展材料评审，并在此基础上，按照评估办法相关规定，对部分专业进行现场考察。

(3) 结论审议和公示公布。专家委员会根据专家的评审意见，形成评估结论意见。省教育厅对结论意见进行审定，经公示无疑义后公布。

3) 本科新设专业评估内容

江苏省普通高等学校本科新设专业评估内容(试行)如表4-8所示。

表4-8　江苏省普通高等学校本科新设专业评估内容(试行)

项　目	要　素
1. 专业目标	1.1　定位与目标
	1.2　规格与要求
2. 师资队伍	2.1　师资结构
	2.2　教师发展
3. 教学资源	3.1　教学投入
	3.2　信息资源
	3.3　教学设施

续表

项　目	要　素
4. 教学过程	4.1　培养方案
	4.2　课堂教学
	4.3　实践教学
5. 学生发展	5.1　生源状况
	5.2　学生交流
	5.3　学业指导
6. 质量评价	6.1　综合素质
	6.2　学生评价
	6.3　质量监控

第二节　教育评估中介机构的特征与运行机制

一、教育评估中介机构的特征

教育评估中介机构是在接受高校、政府和社会组织委托的基础上，独立开展教育评估活动的法人组织。评估中介机构不仅能为高校提供专业咨询服务，还承担着对高校进行评估和监督的重要职能，以确保教育质量和标准的实现。

1. 教育评估中介机构具有独立性

教育评估中介机构作为独立的实体，拥有法定的权利和义务，它相对于高校、社会和政府都展现出一定的独立性。需要明确的是，教育评估中介机构的独立性是在规定范围内实现的。教育评估中介机构的独立地位是严格依据相关法律与法规的明确授权而确立的。因此，教育评估中介机构的独立性并非无限制，而是在法律和法规框架内得到保障和约束的。

2. 教育评估中介机构具有专业性

教育评估中介机构的专业性主要表现在四个方面。

(1) 教育评估机构拥有极其丰富的教育评估相关文献资料。

(2) 教育评估机构拥有一批资深的教育评估专家。

(3) 除了开展评估活动外，教育评估中介机构还对相关评估理论和实践进行了较为深入的研究。

(4) 教育评估中介机构在做专职教育评估的过程中，积累了丰富的评估经验。

鉴于教育评估中介机构的专业性，它与政府的评估组织有着十分显著的区别。尽管政府的评估组织也是借助外部专家团队进行评估的，但从专业实力层面考量，政府的评估组织往往难以与既具备深厚专业性、又拥有丰富经营与评估经验的教育评估中介机构相抗衡。

3. 教育评估中介机构具有媒介性

教育评估中介机构是以信息传递为主要手段的一种媒介性组织，介于高校、社会和政府之间。虽然社会对教育质量的关注度持续攀升，但教育质量并非仅凭高校内部的自我评价就能赢得外界的广泛认可。因此，教育质量的评判亟需外部，特别是社会层面的公正评价。在当今高校与社会紧密相连的背景下，中介机构应运而生，扮演起了"公证人"的重要角色，并切实履行着"公证"的职能。从某种意义上说，教育评估中介机构不仅将社会的需求精准地传达给高校，同时也成为高校向社会展示其教育质量的媒介。

二、教育评估中介机构的运行机制

我国教育评估中介机构的运作机制与市场中介组织的运作不同。市场中介组织基本以自律调节和市场调节为主，政府基本不会对其进行干预。教育评估中介机构的运作基本以政府干预为主，市场调节和自律调节为辅。出现这种差别的原因在于，教育所具备的政治功能、文化功能、科研功能等会对社会产生巨大影响，同时教育评估的市场还不发达，社会需求也不突出，不足以构成建立自律组织的条件。因此，教育评估中介机构在具体运作时会涉及政府、市场、专家、高校等多个方面。教育评估中介机构的运作机制主要有以下几种。

(一) 政府干预为主

政府是我国管理教育的主体，其权威性不言而喻，因此，教育评估中介机构主要依靠政府运作。政府的权威性主要表现在以下几个方面。

(1) 在教育领域，政府的干预具有合法性。因此，当教育评估中介机构想要对教育进行评估时，首要前提便是需通过政府的授权，才可进一步推进。

(2) 评估是政府对高校进行宏观管理的一种法定手段，教育评估中介机构只有被纳入政府管理后，才能对教育使用此手段。

(3) 关于高校评估的诸多核心问题，包括是否进行评估，何时评估，由谁评估，评估后有何种措施等，都由政府来决策。教育评估中介机构只有得到政府的委托，才能承接评估的业务，实现从市场参与者到评估主导者的角色转变。

(二) 市场调节为辅

除政府外，教育评估中介机构的运行还需要市场调节。市场调节的重要性将在下一节进行重点叙述。众所周知，教育评估中介机构实质上是一种中介组织，而非政府职能组织。如果教育评估中介机构完全依靠政府，不仅会增加政府的财政压力，还会加大组织的改革难度。同时，政府也不会让教育评估中介机构完全依靠自己。鉴于此，教育评估中介机构会充分利用市场调节机制，积极构建与高校和社会的紧密联系与沟通桥梁，以此作为自身生存与发展的重要途径之一。值得注意的是，当前评估市场尚处于相对滞后的阶段，其所能发挥的作用有限，所以市场调节只能作为一种辅助手段，不可完全依靠。

(三) 专家为本

高校对外部评估的要求极为严苛，为了赢得用户的信赖，教育评估中介机构必须具备较高的评估权威性。教育评估中介机构要维持其专业地位就要依靠权威性的专家。借助专家的权威性能确保评估的质量，进而获得业界的广泛认可和高度评价。这不仅是教育评估中介机构生存和发展的基石，更是其持续提供优质服务、赢得市场信任的关键所在。

(四) 尊重高校自评

高校自评是高校实施内部质量保障的手段之一，也是国家"五位一体"评估制度中的重要一环。需要强调的是，我们不应简单地将外部评估视为一种外在的质量监督手段，而应将其视为一种能够激励和促进高校自我质量保障体系不断完善与提升的外部动力。由此观之，教育评估中介机构的角色应当是辅助性的，其主要职责在于协助高校诊断存在的问题，并在此过程中推动高校质量保障体系的持续优化与健全。

(五) 依法独立经营

对于教育评估中介机构而言，遵守法律法规是其运营的基本前提和必要条件。依法独立经营是保障其评估活动合法性、公正性和权威性的基础。因此，教育评估中介机构需要深入理解并积极履行法律赋予的职责，同时也要自觉地避免任何可能触犯法律的行为。只有这样，教育评估中介机构才能真正发挥其应有的作用，为我国教育事业的健康发展提供有力的支持。

第三节　市场对高校教学质量的调节

一、高等教育市场化的特征

1998 年，经济合作与发展组织(Organization for Economic Cooperation and Development，OECD)发表《重整高等教育》报告，将高等教育市场化定义为："把市场机制引入高等教育中，使高等教育运营至少具有如下一个显著的市场特征，竞争、选择、价格、分散决策、金钱刺激等，它排除绝对的传统公有化和绝对的私有化。"依据高等教育市场化的定义和高等教育市场化改革的进程，高等教育市场化的主要特征可以归纳为以下四点。

1. 高等教育市场化的基础是建立完善的高等教育市场

高等教育市场化，既可以指商业机构直接介入教育市场以商业运作模式来经营高校，也可以指在高等教育领域引入和运用市场机制。高等教育市场化的基础是建立完善的高等教育市场。建立完善的高等教育市场就是由政府、私人企业及其他组织或个人提供多样化的高等教育服务，以满足高等教育消费者(学生及家长)的需求。

2. 高等教育市场化的核心是扩大办学自主权

高等教育市场化要求在高等教育管理中减少政治性因素,增强民主性因素,即政府应给予各高校充分的办学自主权,让高校能发挥各自的办学优势和办学特色,从而提高高等教育质量,增强高等教育的社会服务功能。

3. 高等教育市场化的关键是引入高等教育竞争机制

高校的教学质量受其学科设置、师资力量、科研水平和生源质量等多方面因素的影响。在教育资源相对有限的环境下,高等教育竞争机制能够直接影响并优化高校的资源配置。引入高等教育竞争机制不仅能够为高校带来更为充裕的教育经费,还能吸引并留住更多优秀的教师人才,进而提升高校的整体学术地位。此外,引入高等教育竞争机制也为教育消费者(学生及家长)提供了更多的选择。这种基于市场需求的高等教育竞争机制,无疑将激励高等教育生产者(高校教师和管理人员)不断追求卓越,持续提升办学质量和水平。

4. 高等教育市场化的重点是依法治校

依法治校是建立和完善现代大学制度的一个基本原则,高校依法治校对政府而言最重要的含义就是:政府必须处理好政府对高校的行政管理权力和高校学术权力的关系,尽可能避免对高校的行政干预,为高校创造依法治校的制度环境。在高等教育市场化模式下,要实现依法治校,除要严格按照国家高等教育法律法规独立自主办学外,还要根据新时期、新阶段的发展要求,建立高校决策者、管理者和治学者分权合作的新型管理体制。

二、市场调节对高校教学质量的积极影响

(一) 市场调节会调整招生规模和招生方式,吸引优质生源

教育部于 2022 年 5 月 17 日在北京举办了新闻发布会,会上介绍了自党的十八大以来我国高等教育改革的相关状况,明确指出了我国高等教育已经进入世界公认的普及化阶段。高等教育普及化是我国高等教育改革的硕果之一,这意味着我国越来越多人能够接受高等教育。随着高等教育不断普及,人们也开始对学历有了更高的要求,人们对人才学历的要求从专科、本科,逐渐提高为

硕士，乃至博士。市场需求瞬息万变，对不同层次学历的要求也随之不断变化，高校想要提高自身和本校学生在市场中的竞争力，必须从头抓起，从招生抓起，通过调节不同层次的招生比例，为之后激烈的市场竞争打下人才基础。与此同时，人们的交流方式也发生了转变，高等教育也在不断改革、创新招生方式和制度。例如，从以往的现场招生逐渐发展为网络招生，学生按照要求进入到高校提供的网络会议室，即可参加考试或面试。这种新型的招生方式在一定程度上减少了人力、物力、财力的耗费，对高等教育招生存在一些积极意义，更有利于高校能招到适合自身的优质生源，进而提高教学质量。

(二) 市场调节会调整高等教育学科专业类型和人才培养类型

学科专业是我国高等教育的基石。为跟上国家不断发展步伐，为国家发展提供人才、知识、技术保障，我国高等教育学科专业也在不断调整。如今高等教育越来越满足市场对于不同类型人才的需要，这可以从本科专业目录和学科目录的变化中体现出来。此外，我国人才培养类型的结构和比例也在不断优化。例如，过去我国更注重于理论基础的研究，因此所培养的学术型人才规模较大，所颁发的学术学位较多。但在"十三五"到"十四五"期间，我国逐渐重视应用型人才的培养，不断加大专业学位人才培养力度。市场蓬勃发展、国家日益强盛的需求是推动我国高等教育学科专业规模不断扩大，不同层次人才比例趋于合理的动力源泉。通过从上到下、从大到小、从宏观到微观的市场调节方式促使我国高等教育不断向高质量发展。

(三) 市场调节会扩宽高校人才就业渠道和就业规模

市场调节为高校毕业生的就业提供了可能性，极大地拓宽了高校人才的就业渠道。高校毕业生在就业过程中不再等待就业单位的挑选或国家安排，而是主动选择自己感兴趣的职业和就业单位。就业单位也不再被动地等待国家统一安排，而是主动选择符合岗位需求的人才。市场调节为高校毕业生和就业单位的双向选择提供了可能，在一定程度上促进了我国高校人才的就业，增加了高校毕业生就业方式的多样性。这既为高校后续人才培养指明了方向、提供了参考，也有利于解决我国现存的社会问题，促进经济发展。

三、市场调节对高校教学质量的消极影响

(一) 市场调节会导致生源不均，影响教育的公平性

在社会主义市场经济体制下，市场在资源配置中起到了决定性作用，国家不断下放权力，高校自主权不断扩大，这让高等教育招生变得更加自由。虽然这有利于扩大高等教育招生规模，但也会产生影响教育公平的问题。教育公平分为起点公平、过程公平和结果公平，市场调节机制对高等教育招生在起点公平方面存在一些消极影响。

在市场调节的作用下，人们往往会产生优胜劣汰的心理。秉持着"人往高处走、水往低处流"的原则，在进行高校自主招生和学生选填志愿时，经济发达的地区和排名较好的高校往往会招到更多优质生源，生源地好的学生也更受高校的青睐。同时，为了让学生能接受更好的高等教育，见识更广阔的天地，学生和家长也会倾向于选择更好的地区和高校。在这样"优胜劣汰"的环境下，让其他本就缺乏地区优势的学生想要获得良好的高等教育的机会更加艰难。

在市场调节价格机制以及人们的刻板印象下，价格"便宜"的公立高校，比价格"昂贵"的民办高校更具有生源优势。人们在选择高校时首先会选择实力强、名声好、地区好、学费便宜的公立高校。如果以上条件都难以满足，人们才会退而求其次考虑实力强、名声好、学费相对公立高校较高的民办高校。

在这样的环境下，不同地区高校之间、不同类型高校之间会产生马太效应(即优势往往会产生更多的优势，也就是"强者愈强，弱者愈弱"的现象)。

(二) 市场调节会导致学科专业设置出现功利性，降低人才培养质量

基于市场的影响，高等教育或多或少会染上市场的一些"陋习"，如功利主义。市场调节作为市场基本的资源配置手段也会在一定程度导致高校专业设置商品化。如今，国家号召高校扩招，并积极推动高等教育普及化。为满足市场需要、国家需求，提高本校就业率和竞争力，许多高校会设置大量热门学科专业，不断扩大相关学科专业的规模。在资源有限的情况下，学科专业数量的急剧增长会对质量产生影响，这往往会导致出现高校招生质量和培养质

量降低的情况。此外，市场调节的滞后性使得学科专业设置和人才培养规划间存在一定信息差和时间差。因此，做好高等教育发展的长期规划，合理分配高等教育资源，打造具有特色的王牌学科专业，在学科专业数量达标的基础上努力提高人才培养质量才是硬道理。

第四节　社会对高校教学质量的监督评价

社会开展的监督评价主要体现在各类大学排行榜和社会出具的第三方质量报告。大学排行榜源起于盎格鲁-撒克逊传统高等教育体系(英美体系)，该体系传统地遵循市场逻辑、追求自由主义理念，视世界一流大学为自由竞争的产物。发布者按照设置的评价指标体系，根据一定的标准和权重赋值，对参与排名的高校计算得分后排出高校名次。该体系一般包含人才培养、科学研究、社会服务、国际交流、高校声誉等指标。但不同的排名榜指标细则和权重赋值差别很大，各有侧重。世界著名的排行榜主要有 US News 世界大学排名、THE 世界大学排名、QS 世界大学排名和世界大学学术排名(Academic Ranking of World Universities，ARWU)等，这些排行榜都有中国高校参与。其中，ARWU 是 2003 年上海交通大学世界一流大学研究中心开发的项目(现由上海软科教育发表)，在全球范围内具有较大的影响力和权威性。

一、常见的中国大学排行榜

中国高校排名始于 1993 年，主要借鉴世界大学学术排名的经验和模式。目前，我国大约有 15 家较为著名的排名机构，发布了四十多个大学排行榜，常见的大学排行榜有 30 个(见表 4-9)。这些排行榜涉及综合排名或单项排名，较有影响的有软科中国大学排名、金平果中国大学排行榜、校友会中国大学排名、武书连中国大学排行榜、GDI 大学排行榜、中国大学改革创新指数、网大中国大学排行榜、学位中心学科评估、中国大学全球影响指数、中国高校社会影响力排行榜等。

表 4-9 常见的大学排行榜

序号	排 行 榜	序号	排 行 榜
1	学位中心学科评估	16	校友会中国大学排名
2	CWTS 莱顿大学排名	17	中国大学改革创新指数
3	多维度全球大学排名	18	金平果排行榜
4	ESI 排名	19	中国大学全球影响指数
5	GDI 大学排行榜	20	路透社全球最具创新力的一百所大学
6	自然指数	21	武书连中国大学排行榜
7	世界大学网络计量学排名	22	金平果世界大学排行榜
8	大学学术表现排行榜	23	U.S.News 世界大学排名
9	世界大学科研影响力排名	24	武书连世界大学胜者排名
10	莫斯科国际大学排名	25	中国高校社会影响力排行榜
11	世界大学科研论文质量排名	26	RUR 世界古学排名
12	SCImago 机构排名	27	QS 世界大学排名
13	软科世界大学学术排名	28	THE 世界大学排名
14	CWUR 世界大学排行榜	29	uniRank 大学排名
15	软科中国大学排名	30	网大中国大学排行榜

注：排行榜顺序参照"什么是好的大学排行榜？——基于全球 30 个大学排行榜的元评价"研究结果。

本小节接下来以金平果排行榜、学位中心学科评估 2 个排行榜为例进行简要介绍。

1. 金平果排行榜

金平果排行榜(又称"中评榜")由杭州电子科技大学中国科教评价研究院、浙江高等教育研究院和高教强省发展战略与评价研究中心、武汉大学中国科学评价研究中心联合中国科教评价网研发,于 2006 年首次发布世界大学排行榜(金平果排行榜的前身)。金平果排行榜的榜单包括中国大学及学科专业排行榜、中国研究生教育及学科专业排行榜、世界一流大学及一流学科排行榜、中国学术期刊排行榜四大类。其中,中国大学及学科专业排行榜的评价指标中舍弃了 SCI 的数量指标，仅保留其被引数据，作为科研质量的观测点之一，同时新加入了高质量期刊论文指标，选用了教育部公布的国家一流本科专业数和国家级一流课程数的观测点，突出了本科培养及教学质量。

2. 学位中心学科评估

学位中心学科评估是中国教育部学位与研究生教育发展中心按照教育部和国务院学位委员会颁布的《学位授予和人才培养学科目录》，对具有研究生培养和学位授予资格的一级学科进行整体水平评估(以下简称为"学科评估")。"学科评估"侧重于学术型学位，而专业学位水平评估是"学科评估"的专业学位部分。

二、大学排行榜的特点

总体而言，大学排行榜有以下几个显著特点。

(1) 排名机构主要是新闻传媒公司或第三方科研、商业机构。

(2) 排名指标主要反映的是学术产出，如 US-News 和 THE 排名中学术产出的相关指标分别占据 70% 和 60% 左右。

(3) 指标多是客观性强、容易收集的公共量化数据，如科研经费、论文数量、杰出人才数量等。

(4) 评价指标强调共同性和可比性。

(5) 排名对高校和社会的影响力较大。

第五章
高校教学质量内部保障体系

高校教学质量内部保障体系是高校为确保达到预设质量标准、实施质量控制及提升质量水平所构建的一套管理体系，是高校所采取的各项措施与机制的总和。高校教学质量内部保障体系主要包含质量标准、教学过程、教学效果、保障方式等要素，通过这些要素的有机结合和协同作用，确保高校教育质量的稳定提升和持续改进。本章分别对高校教学质量内部保障体系的构建、高校内部教学质量评估、高校教学督导制度和高校质量文化进行阐述。

第一节　高校教学质量内部保障体系的构建

一、高校教学质量内部保障体系的构建原则和构建要求

(一) 高校教学质量内部保障体系的构建原则

高校教学质量内部保障体系的构建原则包括理念优先原则、以人为本原则、系统规划原则、组织保障原则、全员参与原则和持续改进原则，具体阐述如下。

1. 理念优先原则

在构建高校教学质量内部保障体系的过程中，教育理念的转变是至关重要的。全新的教育质量观应该坚持教学的中心地位，坚持"以学生为中心""全面质量管理""成果导向"等教育理念，将多元化的教学质量视为高校的生命线。

2. 以人为本原则

(1) 高校应坚持"以师生为中心"的原则，通过精心构建教学质量内部保障

体系，全面激发教与学的内在活力，确保教学工作的每一项措施都能全面实施。

（2）高校应牢牢树立"一切为了学生、为了学生的一切、为了一切学生"的理念，尊重人才成长的自然规律，充分关注每一个学生的个体差异，致力于为他们提供个性化的教育服务，让他们在愉快的学习环境中自由探索、自我实现。

（3）高校应努力激发学生的学习兴趣，让他们从内心深处产生对知识的渴望和对学习的热爱，从而形成强大的内驱动力，推动他们不断前进。

（4）高校应尊重每一位教师的劳动成果和创造精神，倾听他们在教学质量建设和评价方面的宝贵意见和建议，积极为教师提供发展平台，鼓励他们在教学实践中不断探索和创新。

3. 系统规划原则

高校应将自身视为一个有机整体，对高校质量管理的每一个环节、每一个要素、每一个方面进行全面系统的规划和设计，建立起一套科学、有效的管理机制。这种管理机制不仅有助于提升高校的管理效率，更能为高等教育质量的提升提供坚实的保障。按照全面质量管理的要求，高校应从管理系统的整体出发，建立起实施全面质量管理所需的组织架构、程序、过程和资源，并构建起高校教学质量内部保障体系的各个子系统。在管理过程中，高校应建立决策科学化、管理规范化的机制，确保高校的各项工作都能够按照既定的流程和标准进行。系统规划原则是防止决策失误、提升管理效率的重要基础。

4. 组织保障原则

在构建和实施教学质量内部保障体系过程中，高校各级领导要深刻认识到教学质量的重要性，树立质量意识，将教学质量保障工作作为高校发展的重中之重。高校应在学校和学院(系)层面成立相应的工作小组，专门负责教学质量保障工作。工作小组工作时必须具备高度的专业性和责任感，能够针对教学中出现的问题及时提出解决方案，确保教学质量始终保持在较高水平。此外，高校还应成立专门的教学质量保障管理机构，负责教学质量保障的日常工作。教学质量保障管理机构要具备独立的职能和权威，能够协调各方资源，确保教学质量保障工作的顺利进行。通过教学质量保障的层级管理组织，各级领导和工作小组之间能够形成有效的沟通与协作，共同推动教学质量的持续提升。

5. 全员参与原则

高校教学质量内部保障体系的建设，需要全校上下的共同参与和努力。高校职能部门和教学单位的管理干部和管理人员，以及广大教师和学生，应全员、全方位、全过程参与高校教学质量内部保障体系的建设。高校必须树立"教学质量人人有责"的观念，激励每一位教职工都自愿参与并按照教学质量内部保障体系的要求去提升教学质量。

6. 持续改进原则

高校应该坚持不懈地进行自我革新和提高，始终保持一种不断修正、持续提高的上行态势。持续改进是全面质量管理的核心，它强调的是在整个管理过程中，高校要能够不断地改进过程控制，确保教育质量的稳步提高。

(二) 高校教学质量内部保障体系的构建要求

在高等教育普及化的背景下，构建并有效运行高校教学质量内部保障体系，必须遵循现代教育理念和教育教学规律，同时要符合高等教育普及化形势下的教育质量观和办学定位，确保高校教学质量内部保障体系的实用性与可操作性。

1. 与现代教育理念相吻合

在人才培养过程中，高校必须始终注重结合教育教学工作和教育教学改革的实际，不断学习和吸收现代教育思想，树立现代教育观念，将学生的全面发展作为教育教学工作的出发点和落脚点。同时，在建立高校教学质量内部保障体系时，高校应始终以现代教育理念为指导，坚持以人为本的管理思想，树立科学的教学观、质量观和人才观，确保教学质量标准符合现代教育理念。

2. 遵循教育教学规律

在建设高校教学质量内部保障体系时，高校必须投入足够的精力和资源，对教育教学规律进行深入的挖掘和研究，以确保教育教学活动的科学性、系统性和有效性。只有这样，高校才能形成教学质量的良好运行机制，推动教学质量的不断提高。

3. 符合高等教育普及化形势下的教育质量观

在构建高校教学质量内部保障体系时，高校必须紧跟时代的步伐，以符合高等教育普及化形势下的教育质量观为指引。高等教育普及化形势下的教育质量观，强调的是教育的普及性、多样性和实用性。这种教育质量观认为，教育的目的不仅是培养少数精英，而且是要让更多人受益，以满足社会的多样化需求。因此，在高校教学质量保障体系的构建中，高校应确立多样化的教育目标，制定多样化的质量标准，还要注重教学过程的优化，注重学生的主体性和实践性。同时，高校还需要不断探索和创新教学方法和手段，以适应高等教育普及化形势下的新要求。

4. 符合高校办学定位

在建立高校教学质量内部保障体系时，高校首先需要对自身的办学定位有清晰的认识，使其成为指导学校教学工作的核心。只有这样，高校才能建立一个符合高校实际情况、具有本校鲜明特色的教学质量内部保障体系，为提高教学质量提供有力保障。

5. 具备实用性和可操作性

为了构建一套能够长期运行的高校教学质量内部保障体系，高校必须确保该保障体系具备实用性和可操作性。高校在充分考虑本校的办学定位、学科布局，以及师生群体的实际需求的基础上，充分借鉴国内外先进的教育理念和实践经验，制定简单明了的质量标准。此外，为了确保高校教学质量内部保障体系能够紧密贴合教学一线的实际需求，高校还应构建一套高效的信息收集与反馈机制。

通过该机制，高校可以及时调整教学策略，优化教学资源配置，从而不断提升教学质量。

二、高校教学质量内部保障体系的任务和目标

(一) 高校教学质量内部保障体系的任务

企业在提升产品质量方面的核心逻辑是对输入、过程和输出这三个环节的有效控制。高校要确保人才培养的质量，同样必须严格把控这三个环节，这也是高校教学质量内部保障体系的重要任务。

1. 严把输入关口，保证生源质量

在高等教育中，生源质量是保证教育质量、提升高校声誉和推动学术研究的基础。优质的生源为高校带来活力，很多名牌高校之所以能为社会输送优秀的人才，与其优质的生源是分不开的。比如，哈佛大学、牛津大学等高校的学生都是来自世界各地的佼佼者；我国的清华大学、北京大学等高校的学生，也是来自全国各地的拔尖人才。

在高等教育走向普及化的进程中，由于招生规模迅速扩大，一些高校为维

持招生数量，不得不适当降低录取分数线。然而，一味地降低录取分数线，虽然保证了招生数量，却难以保证生源质量，进而影响到人才培养的质量。因此，高校应致力于深化教学改革，提升办学水平和特色，以吸引更多优秀的学生，而不以降低录取分数为代价扩大招生规模。这就需要高校教学质量内部保障体系充分发挥其保障作用，通过建立健全内部质量保障机制，确保教学质量和办学水平的稳步提升。近年来，随着招生制度的改革，录取标准逐渐趋向多元化，高校不仅关注分数，而且重视学生的综合素质和个性特长，以确保选拔出高质量的学生。

2. 严格过程把控，建立人才培养过程的质量监控和评价体系

高校必须对人才培养过程进行精细化管理，确保每个环节都能达到既定的质量标准，如在招生选拔、课程设置、教学方法、实践训练、毕业评价等环节都应建立相应的质量监控和评价体系。这些体系不仅要能够全面反映人才培养的质量要求，还要能够对照评价标准对每一环节进行严格控制。通过定期评估和反馈，高校可以及时发现并纠正存在的问题，确保人才培养过程的持续优化。

3. 严控输出管理，确保毕业生质量

在高等教育普及化的背景下，学生的入学方式变得灵活多样、相对宽松，这无疑为更多的学生提供了接受高等教育的机会。然而，在这样的教育环境中，如何确保学生的专业知识水平和能力能够达到一定的标准已成为亟待解决的问题。为此，许多高校采用了学分绩点制度和毕业论文(设计)制度，以此来全面考核学生在校期间的学习成果。学分绩点制度是指学生需要在规定的时间内修满一定的学分，同时保持一定的绩点水平，才能顺利毕业。毕业论文(设计)制度是对学生综合运用所学知识解决实际问题能力的全面检验。然而，仅仅依靠学分绩点制度和毕业论文(设计)制度，还不足以全面评估一个学生的专业知识水平和能力。因此，在学生毕业前，高校还需要对学生进行全面评价，包括思想道德品质、团队协作能力、沟通能力、创新能力等。

(二) 高校教学质量内部保障体系的目标

1. 确保人才培养符合国家的基本需求

高等教育的首要任务是为国家的现代化建设培养高素质人才。高校人才培养的目标便是要努力满足国家的基本需要。因此，在构建高校教学质量内部保

障体系时，高校应确保质量目标符合国家规定的培养目标，同时紧密结合社会
人才需求的变化，灵活调整和完善质量标准，确保人才培养的高质量。

2. 促进教育资源的高效利用

随着社会的不断发展，教育资源正日益成为影响教育质量的关键因素。特
别是在高等教育普及化的转变过程中，学生规模的不断扩大和教育资源增长滞
后间的矛盾愈发凸显，这种情况对教育质量的保证和提高构成了严峻挑战。为
了应对这一挑战，高校应建立教学质量内部保障体系，积极扩大教育资源，并
通过资源优化组合来提高教育资源的利用效率。

3. 增强高校主动适应环境变化的能力

为了满足社会经济发展的需求，培养出更多符合时代要求的高素质人才，高
校必须具备主动适应环境变化的能力。为了实现这种适应性，高校必须建立一
套科学有效的高校教学质量内部保障体系，确保教学质量不断提升。同时，这一
体系还应注重与社会的紧密联系，及时将最新的科研成果和社会实践经验引入教
学之中，使教学内容始终保持与时俱进。

三、高校教学质量内部保障体系的地位和作用

(一) 高校教学质量内部保障体系的地位

1. 国际竞争力的有力支撑

随着全球经济一体化的不断推进，国际文化交流日益频繁，高等教育在国
际竞争中的地位愈发凸显。高校教学质量内部保障体系通过深化教育改革、优
化教学资源配置、提升教师教学水平、完善学生学习支持以及强化教学质量监
控等多个方面，全面提升高校的教育质量和研究水平，确保毕业生能够满足社
会及国际市场的需求，增强国际竞争力。因此，高校教学质量内部保障体系是
提高国际竞争力的有力支撑。

2. 高校可持续发展的基础

通过构建完善的高校教学质量内部保障体系，高校能够更有效地监控教学
质量，及时发现并解决教学中存在的问题，确保教学质量达到预期目标，从而
为学生提供更高质量的教育服务，满足社会对于高素质人才的需求。高校教学
质量内部保障体系有助于提升高校的整体办学水平，增强高校的核心竞争力，为
高校的可持续发展奠定坚实的基础。

3. 高校教学质量管理的核心

高等教育的普及虽然极大地满足了社会大众对高等教育的渴望，但对部分投入不足的高校也提出了新的挑战。面对这一现实问题，众多高校采取的主要策略是利用高校教学质量内部保障体系来加强教学质量管理，强化资源整合与共享，以优化和提升教学质量。在这一过程中，构建、运行和完善高校教学质量内部保障体系被视为教学质量管理的核心。

(二) 高校教学质量内部保障体系的作用

高校教学质量内部保障体系具有目标导向、教学条件保障、激励与约束，以及自我监控等作用，具体阐述如下。

1. 目标导向

在当前的高等教育背景下，高校教学质量内部保障体系的目标导向作用体现在以下三个方面。

(1) 引导教学内容与时俱进。高校的教育不仅要培养出能够适应我国经济建设和社会发展需求的人才，还要注重提高这些人才的国际竞争力。这意味着，高校需要与时俱进地更新教学内容，使之既符合国内发展的实际需要，又能与国际接轨，培养出具有国际视野和竞争力的人才。

(2) 引导教学方法因材施教。高校既要设定统一的培养目标要求，又要因材施教，充分尊重学生的个性化发展和发挥学生的创造性潜能。这就要求教师不仅要掌握扎实的专业知识，还要具备灵活多样的教学方法和手段，能够根据每个学生的特点和需求进行针对性的教学。

(3) 引导教学模式灵活多样。高校需要将教学活动的主体从教师转变为学生，让学生成为学习的主体和主导者。这意味着，高校要改变传统的教学模式，采用更加灵活多样的教学方式(如小组讨论、项目合作等)，让学生有更多的自主学习和能动学习的机会。

2. 教学条件保障

在教育教学过程中，教学条件保障的重要性不容忽视。只有当教学条件得到充分且有力的保障时，教学结果才能更加紧密地与教学目标相吻合。教学条件涵盖了许多方面，其中最为关键的是人力资源、财力资源和物力资源。在这些资源中，人力资源是教学条件的核心，高素质、高水平的师资团队是教学质量提升的基础。财力资源是教学条件的重要组成部分，包括了教育经费的投入、教学设备的采购、教学资源的开发等。物力资源是教学条件的物质基础，舒适的教学场地和先进的教学设备可以为学生学习提供良好的教学环境。这些资源的充足性和有效性直接影响到教学过程的顺畅程度和教学目标的实现。

3. 激励与约束

激励作用主要体现在激发教师与学生的积极性与创造力上。高校通过设立各种奖励机制，可以激发教师提升教学水平、创新教学方法，同时也能增强学生的学习动力与成就感。约束作用则主要体现在规范教学行为、保障教学秩序上。高校通过制定严格的规章制度，可以对教师与学生的行为进行约束，防止教学过程中的不规范行为，确保教学工作的有序进行。高校教学质量内部保障体系的激励与约束作用是相辅相成的。只有将激励与约束相结合，才能构建一个既充满活力又规范有序的教学质量保障体系。

4. 自我监控

高校教学质量内部保障体系的自我监控作用贯穿整个教学过程，是确保教学质量稳步提升的关键环节。自我监控的作用主要体现在以下几个方面。

(1) 自我监控能够及时发现和纠正教学过程中存在的质量问题，有助于确保教学活动始终沿着正确的方向进行，从而提高教学质量。

(2) 自我监控为制定教学改革政策、改进教学工作提供了重要依据。通过对教学质量的持续监控，教学管理者可以积累大量的教学数据和信息，基于这些数据和信息，教学管理者可以更加科学地制定教学改革政策，优化教学资源配置，推动教学工作的持续改进和创新。

(3) 自我监控还有助于形成教学工作自我监控、自我完善的良性运行机制。在自我监控的过程中，教学管理者和教师不断反思和总结教学经验，发现问题并寻求解决方案，这种自我反思和自我完善的过程有助于提升教学质量。

四、高校教学质量内部保障体系的构建思路

为确保教学质量，高校必须建立科学严谨的高校教学质量内部保障体系，明确各环节的质量标准，并实施有效的监控与管理。高校教学质量内部保障体系的构建思路如下。

(一) 做好顶层设计

高校在构建教学质量内部保障体系时，做好顶层设计是至关重要的。顶层

设计需要综合考虑多方面的因素，以确保教学质量内部保障体系的全面性、系统性和有效性。顶层设计主要包括明确质量理念与目标定位、构建组织架构与责任体系、完善制度建设与标准制定、强化过程监控与评估反馈、促进资源优化与持续改进等。在科学、合理的顶层设计下，高校才能构建出符合高等教育特性且各环节能够闭环运行、长期发展的教学质量内部保障体系。

(二) 完善制度建设，制定教学环节质量标准

高校应根据国家新一轮教育审核评估与专业认证的具体要求，结合高校人才培养目标，遵循人才成长的客观规律，健全相关制度体系，为高校教学质量内部保障体系的稳定运行提供坚实的制度支撑。同时，高校应以国家质量标准为依据，结合教学规律与本校特色，制定主要教学环节(如教学基础建设、师资队伍建设、教学过程管理、教学质量评价等)质量标准，规范教学运行，确保教学质量的持续提升。

(三) 注重过程监控，建立质量监测长效机制

1. 教学检查

为确保教学质量与教学秩序，高校应于每学期进行定期或不定期的教学检查。教学检查包括期初、期中、期末检查和不定期专项检查。期初检查于学期初开展，高校通过开展期初检查来审视教学的前期准备、教师的授课表现、学生的出勤情况及课堂互动、教学支持服务与教学管理体系的完善性。期中检查于学期中间阶段开展。通过开展期中检查，高校对本校的教学管理、教师的教学实施及效果，以及学生的学习风气进行全面考察。期末检查于学期末开展。在学期末的几个教学周内，高校对期末考试的准备情况、考试管理、考风考纪等进行细致检查。不定期专项检查主要包括对人才培养方案、教师的教学资料、毕业论文(设计)、期末考试试卷、毕业实习情况等的检查。

2. 听课评课

听课评课是全方位监测教学过程，及时解决日常教学中出现的问题，不断提高教学质量的有效手段之一。高校应建立校内听课评课制度，组织学院领导、管理部门领导、教学督导、各二级学院领导和教学系、教研室负责人、教师同行、教学管理人员及专职辅导员等不同身份人员，以听课、巡课、评课等方式深入教学一线，实时监控本校的教学运行状态。

3. 学生评教

学生评教是体现"以学生为本"教育理念，发挥广大学生教学质量保障主体作用的重要举措，是高校教学质量内部保障体系中的重要环节。高校应组织全校学生于学期中、学期末对有教学任务的任课教师开展评教，将评教结果及时反馈给相关二级学院。学生评教为各个二级学院了解本学院任课教师教学质量提供了依据，对促进教师努力提升教学质量具有重要意义。

4. 教学督导

为了全面提升教学质量与效果，高校必须充分利用教学督导在教学过程中的监控作用。高校可实施校院二级督导制度，确保监督与指导并重，做到督教、督学、督管并行。通过组织听课评课、走访座谈、专题调研等多种活动，教学督导可对教学秩序、教学管理、教学保障等环节进行全面审查。

5. 教学反馈

教学管理人员、督导专家和学生信息员等是教学反馈的主体。他们负责收集关于教师教学表现、学生学习状况、教学管理效率以及后勤保障等方面的信息与意见，并通过专题报告、座谈会以及教学工作例会等渠道进行反馈。

(四) 树立质量保障意识，形成多方参与的保障体系

在构建与实施高校教学质量内部保障体系的过程中，高校通过构建全员参与、全过程覆盖、全方位育人的教学模式，树立"自觉、自省、自律、自查、自纠"的质量保障意识，形成由教师、学生、管理者、家长、用人单位等多方参与的高校教学质量保障体系，为培养优秀人才提供坚实的保障。

第二节　高校内部教学质量评估

高校内部教学质量评估是促进院校管理、提高办学水平、保障和提高教学质量的重要手段。

2013 年，教育部颁布了《关于开展普通高等学校本科教学工作审核评估的通知》。紧接着，各地方教育部门纷纷响应，制定了地方高校审核评估工作的具体实施方案。这些方案明确指出了高校内部教学质量评估是整个评估程序和任务的首要环节。2021 年，教育部印发了《普通高等学校本科教育教学审核评估

实施方案(2021—2025 年)》，开启了新一轮大规模、全覆盖、周期性的高等教育评估。2022 年，国务院教育督导委员会办公室印发了《关于做好"十四五"期间普通高等学校本科教育教学审核评估工作的通知》，要求普通高校做好新一轮的审核评估工作。

高校内部教学质量评估作为接受审核评估的基础，严格遵循新时代教育评价与教育督导改革的指导要求。创新自评自建的机制与方式旨在提高高校内部教学质量评估的效能，促进高校质量保障的规范与有序发展。

一、高校内部教学质量评估的内涵

(一) 高校内部教学质量评估的含义

1990 年，教育部发布的《普通高等学校教育评估暂行规定》第十五条指出："学校内部评估，即学校内部自行组织实施的自我评估，是加强学校管理的重要手段，也是各级人民政府及其教育行政部门组织的普通高等学校教育评估工作的基础，其目的是通过自我评估，不断提高办学水平和教育质量，主动适应社会主义建设需要。学校主管部门应给予鼓励、支持和指导。"

2011 年，教育部发布的《教育部关于普通高等学校本科教学评估工作的意见》第 6 点："高等学校应建立本科教学自我评估制度，根据学校确定的人才培养目标，围绕教学条件、教学过程、教学效果进行评估，包括院系评估、学科专业评估、课程评估等多项内容。应特别注重教师和学生对教学工作的评价，注重学生学习效果和教学资源使用效率的评价，注重用人单位对人才培养质量的评价。要建立有效的校内教学质量监测和调控机制，建立健全学校本科教学质量保障体系。学校在自我评估基础上形成本科教学年度质量报告，在适当范围发布并报相关教育行政(主管)部门。学校年度质量报告作为国家和有关专门机构开展院校评估和专业评估的重要参考。"

综上所述，高校内部教学质量评估是高校根据自身的教学目的和原则对教学过程及效果给予的评估，其目的是改进教学质量或对评估对象作出某种评判。高校内部教学质量评估是高校自身主导的自发性活动，主要由高校组织人员开展。高校内部教学质量评估的评价主体为高校，评估工作由教师、行政管理人员、学生代表等共同组成的评估小组负责。评估小组通过一段时间的系统总结、分析和评议，对高校的教育、管理等方面进行全面评价。评估工作旨在肯定高校取得的成绩，发现存在的问题，提出改进意见。评估结果主要服务于高校内部目标的实现。高校内部教学质量整个评估过程应保证严谨、稳重、理性，以确保评估结果的客观性和公正性。

(二) 高校内部教学质量评估的特征

高校内部教学质量评估具有主体性、过程性、全员性、全程性、全面性、真实性等特征。

1. 主体性

高校内部教学质量评估是一种与外部评估相对的评估形式，其出发点在于高校内部，是一种源于自我、自觉的行为。高校内部教学质量评估的核心目的在于让高校对自身状况有清晰的认识，对自身的经验有所掌握，对自身问题有深入的了解，进而推动自身的改进，以及教学质量的提升。高校内部教学质量评估并非源自政府或社会的外部问责，而是高校对自身质量的内部问责，源于高校对自身进行反思、改进和提高的内在需求。高校内部教学质量评估并非处于外部评估的某个阶段，也不是外部评估的附属品，而是一种独立且自主的评估方式。无论外部评估是否存在或进行，高校内部教学质量评估都有其独特的目标和内容，其价值和地位并不由外部评估所决定。这些方面都充分体现了高校内部教学质量评估的主体性特征。

2. 过程性

高校内部教学质量评估本质上是一种具有过程性、发展性特征的评估方式。高校内部教学质量评估通过对本科教学工作过程的肯定与否定、发现与反思，旨在实现对本科教学工作过程的持续改进与完善。高校内部教学质量评估更多关注的是教学过程，它聚焦于教育教学的实际运作与进展。高校内部教学质量并非为应对政府检查或满足表面指标与硬性数据而设，而是真心实意地关注教育教学工作的内在状态与流程，以及教师和学生的具体学习进程。

3. 全员性

高校内部教学质量评估的主体和客体都是高校，具体而言是广大教师、学生及管理工作者，这体现了高校内部教学质量评估的全员性。

4. 全程性

高校内部教学质量评估不仅关注设定的目标和最终结果，更重视工作过程及方法的选择与应用，这体现了高校内部教学质量评估的全程性。

5. 全面性

高校内部教学质量评估不仅关注行政管理层面，还深入探索教师的教学、学生的学习情况，同时兼顾资源分配、专业设置、课程设计、德育教育、学生生活、社会实践以及个人成长等多个方面，这体现了高校内部教学质量评估的全面性。

6. 真实性

高校内部教学质量评估的目的并非获取政府或社会对高校办学水平和教育质量的认可，而是出于自我认知、自我完善和自我提高的内在需求。在此过程中，无需受外部压力影响，也无需抱有功利心态，更无需对自身教学工作进行过度"包装"。高校内部教学质量评估致力于提供真实可信的评估材料，以获得真实客观的评估结果。

(三) 高校内部教学质量评估的功能

高校内部教学质量评估具有导向功能、诊断功能、激励功能和调节功能。

1. 导向功能

高校内部教学质量评估在高校发展中发挥着指挥棒的作用。无论是评估指标的选取、评估标准的制定还是评估的组织与实施，都对提升办学质量、推进教育教学改革以及加强系统控制具有明确的导向作用。高校内部教学质量评估能够精准地引导教师不断完善自身知识能力结构、优化教学方法、端正教学态度，进而实现更高层次的发展目标。同时，高校内部教学质量评估也有助于激发学生不断提升道德素质和文化知识水平，促进全面发展。对于高校而言，高校内部教学质量评估是推动办学理念与目标不断更新的重要力量，有助于高校持续提升办学水平，实现更高的教育目标。

2. 诊断功能

高校内部教学质量评估的开展，有助于高校全面了解其内部各教学评估对象的具体状况。通过对所收集的评估数据进行系统分析，高校可以准确判断各评估对象是否达到既定标准。如果存在未达标情况，高校将深入剖析偏离标准的具体原因，提出针对性的改进措施，并为高校教学、管理工作的优化与决策提供坚实的数据支撑。从更深层次来看，评估的过程实质上是一个诊断问题、完善工作的循环过程。

3. 激励功能

对于符合或超越既定标准的评估对象，高校内部教学质量评估将给予适当的表彰和奖励；而对于未达到标准的评估对象，高校内部教学质量评估将责令其限期整改。因此，高校内部教学质量评估对评估对象具有激励作用，能够有效激发评估对象的工作积极性，进而提升教育质量。

4. 调节功能

通过对评估结果的深入分析，高校可以发现教学目标中的不合理之处，进而有针对性地调节，使其更加符合实际。同时，通过高校内部教学质量评估，高校也可以对自身的定位目标进行实事求是地调整，以确保该目标能够反映高校的实际情况和发展方向。

二、高校内部教学质量评估的主体与客体

(一) 高校内部教学质量评估的主体

高校内部教学质量评估的主体主要涉及的是谁来执行评估的问题。这一问题可进一步细化为以下几个方面：谁来发起评估、谁来实施评估，以及谁会影响评估的结果。高校内部教学质量评估的主体主要包括高校行政管理人员、专任教师、学生和教学督导等。

1. 高校行政管理人员

高校行政管理人员作为全校教学活动的规划者与引领者，肩负着重要的职责与使命。高校行政管理人员需以国家教育政策方针和教育行政管理部门的相关规定为指引，紧密围绕高校的培养目标，通过严谨的评估与信息采集，对高校的人才培养工作与教育质量进行客观判断。在此基础上，高校行政管理人员还需找出存在的问题，提出切实可行的整改建议，以确保人才培养目标的顺利实现，进而推动高校整体教育质量的稳步提升。

2. 专任教师

为了全面评估学生的知识水平、理解能力、综合应用能力和技能掌握情况等，专任教师作为教学活动的直接组织者和教学效果的首要责任者，应运用多元化的评估手段，实时捕捉学生的学习动态与变化信息。在此基础上，专任教师应依据学生的具体表现进行客观公正地评分，并针对不同的学科与项目，灵活采取不同的评估策略，从而全面、准确地评价学生的能力与学习成效。同

时，专任教师还应及时向学生提供反馈信息，以帮助他们认识自身的不足，进而指导他们进行有针对性的提升与改进。

3. 学生

作为高等教育的核心利益相关者，学生被视作"消费者"或"顾客"，其反馈意见对于教学质量的提升至关重要。因此，学生参与高校内部教学质量评估不仅体现了其主体地位，其反馈意见还直接反映了教师的教学状态和教学效果，为高等教育的持续改进提供宝贵参考。

4. 教学督导

教学督导肩负着高校的期望与责任。教学督导应始终坚守公正、客观的原则，不受任何利益驱使，确保评估工作的公正性与公平性。参与高校内部教学质量评估的教学督导，必须拥有深厚的学术背景和丰富的管理经验，对教育评价的理论和方法有深入的理解与掌握，同时还需具备某一学科的专业知识和政策水平。

(二) 高校内部教学质量评估的客体

高校内部教学质量评估的客体是指评估所涉及的具体范畴。这一范畴涵盖了教育教学人才培养全过程中的各种关键因素与主要环节，具体包括确立办学思想、办学特色，制定教学管理制度，对教学条件和实验条件进行评价与完善，对师资队伍建设进行评价，现场听课、教学督导不定期检查，监控教学质量，教师的自我评价，学生评教和座谈，以及教学环境和教学条件的检查等。综上所述，高校内部教学质量评估的客体可概括为对教育对象的评估、对教育工作者的评估、对教学活动的评估以及对教育环境的评估等多个方面。

(三) 主体与客体的关系

在高校内部评估中，评估专家多数由校内各单位抽调组成，他们身兼评估主体与客体双重身份。为确保评估工作的顺利进行，我们必须正确处理这种双重角色关系。评估不应被视为一种单向的、对立的评价与被评价、整治与被整治的关系，而应被看作是实现高校内部管理优化、提升办学水平、完善教学质量保障体系的共同目标。双方应携手合作，共同推进内部评估工作的深入开展。

作为评估主体，评估专家应严谨负责地展开调查研究，全面收集第一手资料和原始数据。他们必须坚持实事求是的原则，坚决反对和防止任何形式的弄虚作假行为，确保自我评估能够真实反映高校教育活动的实际状况及其效果。

作为评估客体，各单位不应消极被动地接受评估，而应积极主动地参与评估工作。要充分认识到高校内部评估的诊断功能，以及其对自我调节、自我完善、自我发展、自我约束的重要作用。通过共同努力，我们才能不断提升高校的教育质量和整体实力。

三、高校内部教学质量评估的组织与实施

(一) 高校内部教学质量评估的组织

高校应设立专门的高校内部教学评估部门，并由主管教学工作的校领导担任部门领导。为确保评估工作的专业性和权威性，高校应聘请资深教授和离退休老教师等担任教学评估部门的评估督导专家。除此之外，该部门还将开展同行之间的相互评估以及教学质量调查等工作，以全面提升高校教学质量。高校内部教学评估部门的主要职责主要有两个方面：一是负责校内日常教学评估工作，确保教学质量和效果；二是负责与教育部及所在省、自治区、直辖市教育评估部门对接，具体落实各项评估任务。

(二) 高校内部教学质量评估的实施

在学生的学习过程中，任课教师是他们接触最为频繁的对象，而课堂学习则是以任课教师为主导的学习方式。任课教师的授课质量和学生的课堂学习质量直接关系到教学质量的高低。因此，高校内部教学质量评估的实施通常聚焦于课程评估、教师评估和学生评估这三个核心方面。

1. 课程评估

课程评估旨在全面、客观地评价课程的设置与实施效果。结合高校课程的作用、特点及其设置情况，课程评估的内容通常涵盖以下几个方面。

1) 课程教学目标评估

课程教学目标评估就是评估课程教学目标是否明确、具体、具有可操作性，是否符合学科发展趋势和社会需求，以及是否能够有效指导教学实施和学生学习。

2) 教学条件评估

教学条件评估就是评估课程的教学资源、师资力量、教学设施等是否充足、先进、适用，是否能够满足课程教学的需要，是否能为教学质量提供有力

保障。

3）教学实施过程评估

教学实施过程评估主要是评估教师的教学方法、教学手段、教学内容等是否符合课程目标和学生需求，是否能够激发学生的学习兴趣和积极性，以及是否能够有效促进学生各项能力的提升。

4）教学效果评估

教学效果评估是评估学生的学习成果、课程目标的实现程度、教学质量的反馈等，以检验课程设置的合理性和教学实施的有效性，为课程的改进和优化提供科学依据。

2. 教师评估

教师评估作为高校教学评估的关键环节，伴随着我国高等教育评估体系的逐步完善而逐步确立。教师评估不仅是国家获取师资情况与教学质量信息的重要途径，更是高校实现自我管理与提升的重要手段。

教师评估的内容主要有三点：一是教师的基本素质和工作能力；二是教师的教学过程；三是教师的工作绩效。教师评估的形式主要包括教师自评、学生评教、同行评估、督导评估等。

1）教师自评

教师自评就是教师的自我审视，鼓励教师主动发掘个人优点与不足。教师自评有利于教师在工作中发扬优点、改进不足。

2）学生评教

国内外相关研究与实践表明，学生评教具有相当高的客观性和公正性，其可信度相对较高。鉴于此，高校应更加重视学生评教，推动学生评教走向制度化和专业化。

3）同行评估

同行评估是以教师的视角为出发点进行的评估，其结论既客观又权威。高校在进行同行评估时，可遴选本学科领域的优秀教师以及相关专业的资深教师参与。若条件允许，高校亦可邀请外校同行加入评估团队。参与评估的同行应在本学科领域内拥有一定学术造诣，且处事公正、敢于直言，以确保评估结果的真实性和公正性。

4) 督导评估

督导评估是确保教学质量的重要环节。督导评估的评估团队由高校、学院和系的领导及督导人员构成。评估工作可采用定期或不定期的方式，通过听课、查阅学生成绩等手段进行。督导员应具备丰富的教学经验和深厚的专业知识，熟悉教师的工作流程，掌握大量相关信息，可根据平时收集到的各方面反馈，对教师进行相对客观、全面的评价。

3. 学生评估

为了响应国家对大学生的全面培养要求，高校致力于培养德智体美劳均衡发展的优秀人才。因此，学生评估也需涵盖这五个方面。具体而言，学生评估应对学生思想品德、学习成绩、能力水平、身体素质和心理素质进行综合评估，从而建立起一个全面、系统、科学的学生评估体系。

1) 思想品德和政治态度评估

在高等教育体系中，对学生思想品德的评估占有举足轻重的地位。这一评估环节不仅是对德育教育成果的检验，更是对学生个人全面发展状况的重要反馈。随着高等教育国际化进程的逐步深入，各种文化思潮的相互碰撞与影响日益复杂，加强思想品德的评估工作显得尤为迫切与必要。

2) 学习成绩的评估

学生的学习成绩由课内成绩与课外成绩两部分构成。针对课内成绩，鉴于一个学期涉及多门课程，高校运用教育测量学中的"标准分数"来评定学生的相对表现。标准分数虽能精准反映学生的学习质量，却不能全面反映学生的学习量。为此，众多高校采取了一种综合策略，即通过特定的换算公式，将标准分数转换为既能反映学生学习质量，又能反映学习量的一个指标。课外成绩主要考察的是学生在所学专业以外的知识涉猎情况，即学习的广度。在这一方面，目前尚未形成统一的评估标准，因此难以进行定量的评价。在定性评估上，高校主要关注的是，学生在发表论文和毕业论文中所展现的知识广度、学生的特长或兴趣等。

3) 能力水平的评估

尽管不同高校、专业、年级的学生在能力要求上存在差异，但对于每个学生而言，一些基本能力的要求是相同的。这些基本能力主要包括：表达能力，以清晰、准确地传达思想和信息；分析和解决问题的能力，以应对复杂的挑战和困境；自学能力，以适应不断变化的知识环境；组织或参与社会活动的能力，以增进团队合作和社会责任感；辨别能力，以批判性思维和判断力对信息进行评价和选择。

4) 身体素质的评估

学生在校期间应当积极投身于体育锻炼，确保其身体素质可以达到国家所设定的体质考核标准。这要求学生不仅要掌握一定的体育知识，还需掌握至少一种运动技能。除此之外，培养科学锻炼身体的良好习惯同样至关重要。

5) 心理素质的评估

基于不同个体的差异及其所面对的社会环境与家庭环境差异，个体的心理素质呈现出显著的多样性。针对心理素质的评估，我国学者依据深厚的文化背景，提出了以下六条评估标准：智力水平正常，情绪反应适度，意志品质坚韧，态度积极向上，行为习惯规范，需求结构合理。这些评估标准旨在全面、客观地评价中国大学生的心理素质状况。

四、高校内部教学质量评估与外部教学质量评估的关系

(一) 内部教学质量评估与外部教学质量评估的共性

内部教学质量评估与外部教学质量评估在高校教学质量管理中扮演着不可或缺的角色。虽然它们的来源和执行方式有所不同，但它们的评估内容、评估方式、评估目的却具有相似性。

1. 评估内容相似

从评估内容来看，内部教学质量评估与外部教学质量评估关注的都是人才培养目标定位、课程体系、教学条件、教学过程和人才培养质量等方面。这些方面共同构成了高校教学质量管理的核心要素，对于提升整体教学质量具有重要意义。通过外部教学质量评估，高校可以获取来自行业、社会等多方面的反馈和建议，为优化人才培养方案提供有力支持。内部教学质量评估则让高校有机会深入反思自身的教学管理和教学实践，发现潜在问题并寻求改进之道。

2. 评估方式相似

在操作过程中，内部教学质量评估与外部教学质量评估都是通过交流和比较的方式来了解和掌握教学质量的。在此基础上，高校可以制定针对性的整改措施，优化教学流程，提升教学效果。同时，通过奖励先进、督促落后等手段，评估工作还能发挥激励作用，激发教师和学生的积极性，形成全员参与、持

续改进的良好氛围。

3. 评估目的相似

内部教学质量评估与外部教学质量评估的最终目标都是为了树立高校的责任意识和质量意识，促进教学的改革与发展，提高教育质量。通过外部教学质量评估，高校可以更加清晰地认识到自身在行业中的地位和影响力，增强责任感和使命感。内部教学质量评估则让高校有机会深入挖掘自身的教学特色和优势，形成独具特色的教育品牌。

内部教学质量评估与外部教学质量评估并非孤立存在，而是相互配合、相互促进的。通过外部教学质量评估获取的反馈和建议可以为内部教学质量评估提供有力支持，帮助高校更加准确地找到问题所在；而内部教学质量评估的结果也可以为外部教学质量评估提供重要参考，使评估结果更加客观、公正。因此，高校应该充分利用这两种评估方式的优势，形成有效的评估机制，推动教学质量的持续提升。

(二) 内部教学质量评估与外部教学质量评估的差异

内部教学质量评估与外部教学质量评估的差异包括以下几点。

(1) 两者的目的不同。内部教学质量评估更注重于推动高校教学质量的持续提高与发展，它作为一种有效的管理手段，能够促进高校管理工作的不断改善，进而更好地体现评估的改进作用。相对而言，外部教学质量评估的主要目的在于验证高校教学质量是否符合国家相关标准，能否获取社会的广泛认可。这种评估方式有助于在不同高校之间进行比较，进而更好地发挥其鉴定功能。因此，两者应相互补充、协调统一，共同促进高校评估工作的常态化发展，既弥补各自的不足，又推动高校整体评估水平的持续提升。

(2) 前者偏向过程，后者偏向结果。内部教学质量评估是过程评价和形成性评价，着重强调教学过程中的阶段性和发展性。这种评估方式从高校的基本运行结构因素(如教学输入、培养过程和教学输出等)出发，将教学质量管理融入整个教学过程中，确保教学质量得到全面提升。相比之下，外部教学质量评估多数以诊断性评价为主，通过横向的对比分析来找出高校间存在的差距。

(3) 前者具有多样性，后者具有单一性。高校内部教学质量评估注重评价对象的多元化，强调在统筹规划、分类指导、分步推进的过程中，充分尊重各部门单位、学科和专业、学生和教师个体的实际情况与发展方向，展现出更大的"宽容性"。而在外部教学质量评估中，普遍采用统一的方案和标准，缺乏对不同类型高校的分类指导，这凸显了外部教学质量评估单一评价体系与高校办学多样化之间的矛盾。相比之下，内部教学质量评估能够更好地适应高校办学的多样性和复杂性，推动高校内部管理和教学质量的持续提升。

（4）相较于外部教学质量评估，内部教学质量评估展现出更高的自主性和时效性。内部教学质量评估作为独立的监控系统，充分彰显了管理职能的自主性。内部教学质量评估聚焦于过程评价与内涵建设，高校在充分考虑外部环境和内部发展需求的基础上，可灵活调整自我约束机制。这一机制在评估指标的设置中得以体现，从而推动高校不断自我优化和完善，实现良性运行。而外部教学质量评估受到国际组织规定，以及国家和地方行政政策、行业内部要求的制约，高校在实施过程中相对被动，且评估结果在时间上也存在滞后性。

第三节　高校教学督导制度

高校教学督导制度是 20 世纪 90 年代高等教育大众化趋势下的产物，是高校为了保障教学质量而自发设立的内部质量监控和保障机制。高校教学督导制度是教育督导理念在高校教学管理中的深入应用和发展。

一、高校教学督导制度的发展历程

1983 年 5 月，教育部在武汉召开的高等教育工作会议上提出了对我国重点大学进行教学质量评估的建议。此后，各重点大学纷纷开始引入和构建教学质量评价机制，深入探讨教学质量保障的相关制度和路径，教学督导制度也应运而生。进入 20 世纪 90 年代，随着国家教学督导制度的逐步完善和高等教育规模的持续扩大，如何深化内涵建设、提高教学质量成为高校面临的重要课题。因此，构建高校内部质量保障体系和督导制度成为各高校的必然选择。1994 年，"普通高等学校本科教学工作水平评估"工作全面铺开，各高校开始积极探索有效的高校内部教学质量监控途径和方法。为了履行检查、监督、评价和指导教学的职责，促进教学改革，加强教学管理，树立教学典范，提高教学质量，各高校纷纷建立了教学督导制度和机制。教育部于 2001 年颁布的《关于加强高等学校本科教学工作提高教学质量的若干意见》中，明确要求高校"建立健全教学质量监测和保证体系"。在全国范围内开展的办学水平评估及后来的合格评估、审核评估的推动下，为保障基本教学质量，加强内部教学质量监控，我国高校逐步建立和完善了各自的教学督导制度，并组建了各自的教学督导队伍。2012 年，国务院颁布《教育督导条例》(国务院令第 624 号)，确立了国家实施督学制度的法律基础。为了进一步规范和完善督学工作，教育部于 2016 年发布了《督学管理暂行办法》(教督〔2016〕2 号)，该文件明确指出要对各级各类学校的教育教学工作进行全面的督导。此外，根据《国家中长期教育改革与发展规划纲要(2010—2020年)》第二十章第六十五条的规划，我国将不断推进督导制度的完善，并强化监督问责机制，以确保教育事业的健康发展。2020 年，中共中央办公厅、国务院办公厅印发了《关于深化新时代教育督导体制机制改革的意见》，该意见提出要改进教育督导方式方法。

教学督导制度在初创阶段保留了教育督导的核心职责，作为教育管理和教学管理活动的自然延伸，其督导的对象和职能覆盖广泛，带有鲜明的行政管理色彩。教学督导制度在实施过程中，其内容和形式相对简洁、直接，充分体现了行政管理的"广泛监督"和"严格督查"特色。教学督导是由高校领导授权，代表高校对教师的教育、教学、管理、服务等方面进行有目标、有步骤的监察、评估、指导和反馈工作，并提出建设性意见和建议，为高校的教育教学管理、服务决策提供专业依据的特定组织和个人。教学督导的身份和权力具有独特性，拥有一定的行政管理权限。

随着我国高等教育逐步进入普及化的历史新时期，高校对于教学质量的期许与评价亦随之变化。在这一背景下，教学督导的角色、职责和运作机制也发生了显著变化。教学督导的职责与作用已从辅助和参与教学管理，逐渐转型为"第三方"质量评价与质量保障的关键角色。教学督导的评价方式已从原先的行政性督导转向同行间的指导与互助，从单一的教学督导评价扩展至多方协同的质量保障。在管理方式上，教学督导已从单纯的规范监控转变为促进教育教学改革与创新的重要角色。

经过四十余年的积累与发展，我国的高等教育机构已形成一套具有鲜明中国特色、成熟且完善的高校教学督导制度。这套制度集教学督导、评估、咨询及质量监控于一体，为教育教学质量的提升及教育教学改革的深化发挥了至关重要的作用。

二、高校教学督导的内涵

(一) 教学督导的含义

1922 年，布尔顿在其著作《督导与改进教学》中首次对教学督导的概念进行了明确界定。他指出，教学督导的主要目标在于"促进教学工作，并对教材进行组织与采纳，为评价教师及提高在职教师的素质考核教学效果"。布尔顿的定义被广泛接受，并被认为是教学督导的"原始定义"。在现代汉语中，"督导"一词被解释为"监督指导"，其词源可追溯至英文单词"supervision"。在构词上，"super-"作为前缀，意味着"超级、高于"；而"vision"含有"看、视察"之意。因此，"supervision"在字面上可以理解为从高处观察，即上级对下级的视察。从"督导"的字面意义来看，"督"代表监督，"导"则代表指导。

教学督导与教育督导两者之间存在显著差异。教育督导是指由各级政府授权的督导机构与人员，遵循国家教育方针、政策、法规以及督导原则与要求，对政府及学校等督导对象进行监督与指导，并向同级与上级政府及教育行政部门汇报教育工作相关信息，提出改进工作建议。

教学督导与教育督导的区别主要有以下几方面。

(1) 教学督导主要面向高等教育领域，而教育督导主要面向的是基础教育。

(2) 教学督导的工作重心主要在高校教学工作之上，而教育督导同时覆盖学校与教育行政工作。

(3) 教学督导机构多设立于高校内部，虽拥有学术权威性，但不具备强制性；而教育督导机构主要设置于政府或教育行政部门内部，具有行政性与强制性特征。

(二) 教学督导的特征

1. 专业性

教学督导的专业性主要体现在其独特的职能和作用上。针对教师，教学督导可以监督课堂教学，检查教案的完备性，评价教学的质量和效果；针对学生，教学督导可以监督学习过程，督促学生完成学业，维护考试纪律的公正性；对于教学管理部门，教学督导可以监督管理行为的有效性，推动管理工作的落实；对于学校领导，教学督导可以反馈教学信息，提供决策咨询。

2. 权威性和公正性

教学督导组的成员通常由高校领导经过慎重考虑后选定，其构成主要有两大类。一类是享有崇高声望的专家学者，他们能够确保评价结果的权威性。另一类是退休的老教授们，他们治学态度严谨，学术成就卓越，且具备强烈的责任感、归属感和使命感，对待工作一丝不苟，对他们所从事的教育事业怀有深厚的情感。另外，由于教学督导组的成员主要由退休人员或高校职能单位以外的人员组成，因此能够确保评价结果的客观性和公正性，从而增强其说服力。

3. 灵活性

相较于高校其他部门，督导工作在内容和方式上均体现出明显的灵活性。在教学督导的内容方面，督导工作不遵循固定的模式，而是根据高校的实际教学情况进行适时的调整和增减。从督导的形式和方法上看，督导工作注重灵活变通，能够紧密贴合实际需求。

4. 多样性

督导方法的多样性，也是教学督导的一大特征。除定期的督导工作外，教学督导组还会根据高校教学计划的变动来调整督导工作的安排。

(三) 高校教学督导的主要原则

1. 独立客观介入原则

在进行教学督导的取证时，督导人员需保持独立和中立的立场，运用科学有效的调查分析方法，客观地获取相关的督导资料。基于获取到的客观数据，督导人员应进行深入的分析与判断，得出符合实际情况的结论，并据此提出具有针对性的督导意见和建议，旨在促进教学的加强与改进。

2. 定量分析决策原则

在督导过程中，教学督导应遵循定量分析决策原则，加强对信息的搜集与管理，摒弃仅凭直觉与经验的工作方式。教学督导需重视资料、事实及数据的搜集、整理、记录流程，并对这些信息进行科学分析，确保对情况有全面的了解，推动教学质量的持续改进。

3. 整体优化原则

教学过程作为一个连续的施教过程，每个环节都具备独特的作用。在教学督导工作中，高校应坚持将整体优化原则贯穿教学全过程。这一过程包含三个方面：第一，从教师的施教角度考虑，高校需优化专业方向、培养方案和教学计划的制定，教学大纲的编写，教材和教学参考书的选择，教学内容的讲授，以及教学效果的测评等；第二，从学生的学习角度考虑，高校应优化预习、听课、复习、考核等学习环节，因为这些环节涉及学生的学习动力、学习目的、学习方法等方面；第三，高校还需关注学习条件的优化，如图书借阅系统、信息网络服务系统、实验实习系统、教室环境系统、课外学习和生活系统等。这三方面都与提高教学质量紧密相连。因此，教学督导必须对教学过程的整体优化保持高度关注，严格把控每个环节，确保每个方面都能为提高教学质量发挥最大作用。

三、高校教学督导的职能

教学督导的主要职能包括四个方面，即把握状态、控制过程、信息反馈、咨询决策。

（一）把握状态

这里所谓的状态，是由参与教学过程各个环节和教学管理的各个层次、各部门的运行状态组成的。把握状态的基本要求是真实客观、全面系统和实时动态。

真实客观要求高校教学督导必须全面、准确地掌握教学过程与教学管理的实际运行信息。这些信息不仅源自教师和学生，还包括高校和学院教学管理部门所提供的教学运行状态数据。所有这些因素都可能对教学质量产生影响，并存在信息不对称或信息失真的风险。特别是为了应对教学检查，可能会出现弄虚作假的情况。因此，教学督导的首要任务是深入了解并准确把握实际的运行状态，具体包括学生的学习情况、教师的教学情况和管理者的管理行为等。

全面系统要求高校教学督导在把握状态时要全面且系统地掌握教学过程中所涉及的各个环节的状态，还要对所有的教学活动进行系统的监测。这涵盖了从学生入学到毕业，以及他们在学习过程中的每一个阶段和每一个环节。

实时动态强调高校教学督导把握状态时要能及时反映教学运行的动态过程。根据系统理论可知，状态、反馈与控制是相互关联的。在把握状态时，教学督导不仅要关注系统某一时段运行结果的状态，更应深入了解其运动状态。这样,高校才能根据运动状态随时对照预定目标,调查并调整系统的运行轨迹,实现对系统运行的实时控制。

(二) 控制过程

控制过程是指对整个教学过程实施严格的监督与管理。控制过程受教学质量管理文件、程序文件等法律法规和管理规章制度的约束。这些制度和规章由高校教学管理职能部门负责制定,由二级学院负责执行,并由教学督导负责监督,以构建一个健全的教学质量管理体系。

控制过程必须坚持以下三个原则。

1. 最优化原则

最优化原则是指在特定标准下,教育资源消耗达到最小化,同时实现教学效果的最大化。此处所指的教育资源,不仅涵盖教师、学生等核心要素,还包含教学管理、后勤保障以及实践教学等各项资源。最优化原则的核心在于教学质量的全面提升,这涉及短期与中长期目标的设定与实现。

2. 协调性原则

协调性原则在过程控制中占据重要地位,它要求各层级的控制机构与执行机构必须保持协同一致的工作状态。以毕业论文(设计)质量控制为例,教学管理部门需统一规划并设定质量标准。各院(系)应根据高校的总体要求,细化目标,并制定出详尽的执行步骤和质量控制措施。这一过程涵盖了选题、任务书下达、开题报告撰写、设计实施、论文撰写、答辩准备、论文评阅、指导教师意见、毕业答辩、答辩委员会评语以及成绩评定等各个环节,这些环节都必须在统一协调的机制下进行。

3. 动态性原则

动态性原则要求高校对教学运行的全过程及其每个阶段实施动态控制。这要求高校不仅要设定最终目标,还要制定清晰的阶段性目标。在控制方式上,既要做到定时控制,也要进行实时反馈和调整。一旦发现教学运行轨迹偏离了既定的目标,高校必须立即指出问题所在,提出有效的修正措施,及时纠正任何偏差,以确保教学过程的顺利进行。

(三) 信息反馈

信息反馈要求把来自不同渠道、不同对象的有关教学质量的信息及时反馈给决策管理部门，以确保教学质量的各个环节都得到有效的监督和控制，从而及时发现并解决教学管理过程中出现的问题。高校可以通过召开教学督导定期反馈会议、深入教学基层单位进行座谈交流、发放调查问卷等方式收集教学信息，并将信息及时反馈给有关职能部门、教师本人或其所在单位，以促进教学管理水平和教学质量的提高。这些信息直接反映了教学现状，为教学管理部门和决策者提供了宝贵的参考依据，同时，它们也是教学实施参与者改进教学方法、提升教学效果的重要依据。信息反馈是教学质量管理不可或缺的一环，其重要性不言而喻。

信息反馈工作主要遵循以下两个原则。

1. 客观公正原则

在教学管理过程中，各个环节的执行者均为具备独立思考与判断能力的个体。在信息流转的过程中，个人的思想、观念及情绪等因素往往对信息的传递产生影响，进而可能导致信息被赋予某种主观色彩，造成信息的失真。为了确保信息的真实性与准确性，信息反馈机制必须坚持客观公正的原则。这意味着信息反馈者需以全局视角，全面、真实地反映教学状态，不夹杂任何个人偏见或情感色彩，从而为决策者提供科学、准确且全面的决策依据。在信息反馈工作过程中，所有判断与决策均应以事实与数据为依据，避免基于道听途说或主观臆测而作出判断。通过坚持客观公正原则，高校能够有效保障信息传输的质量与效率，为教学管理的优化与提升奠定坚实基础。

2. 实时快速原则

基于实时快速原则的教学信息反馈机制对于确保教学效果的连贯性至关重要，它能有效促进教学过程的快速高效控制。研究表明，相较于延时反馈，实时快速反馈在课堂教学中表现出更佳的效果。例如，在程序教学中，"小步子"教学策略正是通过采用难度适中、形式简洁且能迅速给出结果的提问或作业来实现反馈学习的。至于"实时快速"具体的时间要求，应视不同学科、学生以及教学环节的特性而定。例如，对于突发性的教学事故，需要即时进行教学反馈；而像教学检查、考试试卷的审查与分析、教学日历的检查以及毕业论文(设计)的抽查等，则属于较长时间段内的教学反馈范畴。

(四) 咨询决策

教学督导的咨询决策职能主要体现在为高校决策者提供专业化、科学化的咨询建议，为决策者制定合理的教学计划和政策提供参考依据上。这些建议基于对高校教学现状的深入了解和分析以及对教育发展趋势的敏锐洞察。通过教学督导的咨询决策，高校可以更加准确地把握教学需求，提高教学效率和质量。

四、高校教学督导工作的组织与实施

(一) 高校教学督导工作的组织

1. 教学督导的组织架构

高校教学督导的组织架构，目前较常见的模式主要包含以下四种。

(1) 相对独立型，即在高校教学督导委员会下设督导办公室，直接隶属于校长领导，并由主管教学的副校长负责日常事务。

(2) 督导与评估结合型，同样直属校长领导，由副校长负责日常运作，由负责教学评估和督导的人员构成，设立校院两级队伍。

(3) 依附于教务处型，即成为其内部的一个职能单元，主要配合教务处的工作。

(4) 作为职能处(室)的形式存在，即作为高校管理系统中的一个正处级部门。

这些模式在高校实践中的应用各有其优缺点。但从总体情况来看，第(1)和第(2)种模式的实施效果相对更为理想。这两种模式将教学督导工作独立于高校行政工作之外，可以更有效地对高校决策和执行部门的工作进行监督，全面实现督教、督学、督管的目标。这两种模式在运作上相对独立，不受其他部门的制约，能够自主开展教学督导工作，从而在师生中建立起一个客观公正的形象。

在完善教学督导组织的过程中，高校应紧密结合本校的具体实际，秉持创新精神，审慎总结，稳步推进。对于其他高校及国外的成功经验，本校应积极借鉴，但不可机械模仿。唯有那些适应本校特色、能有效提升教学质量与管理效能，且被本校广大师生所接受的督导工作机制，方为合适的组织模式。在构建督导组织时，需关注以下四个问题。

(1) 督导机构的层级与规格。为确保教学督导功能的充分发挥，应赋予其相应的权力，其层级不宜低于其他职能部门。高校领导可通过颁发聘书等形式，彰显督导机构的独立性，确保其能独立、有效地履行职责，发挥监督、指导与决策咨询的重要作用。

(2) 确定合理的人员配置。

(3) 建立健全教学督导工作制度，使督导开展工作时有法可依、有章可循，避免工作中的随意性。

(4) 确保提供充足的经费支持，以满足督导日常工作的需要。

2. 教学督导人员的选聘与考核

教学督导人员的选聘与考核至关重要。督导人员的选聘资格需依据其工作的本质和职责来设定。教学督导人员负责监督和检查高校各部门及学院对教育方针、政策的执行情况，同时评价教学管理人员的工作效能、教师的教学质量以及学生的学习效果。基于此，督导人员必须具备全面的素质，包括政治素质、专业素质、文化素质和身体素质。

对督导人员的考核应以激发其积极性、主动性和创造性为指向，主要围绕"德""勤""能""绩"四个方面展开。具体而言，将对督导人员工作责任心、业务水平、工作出勤率和工作业绩进行综合性的评估，其中既包括定性评价，又包括定量分析。针对考核结果，若督导人员的表现未能达到预期标准，将视情况进行相应的培训或终止聘用关系。

(二) 高校教学督导工作的实施

高校教学督导工作的实施内容主要包括督教、督学和督管三个方面。

1. 督教

督教主要是对本科教学工作的各项环节开展检查、分析、评价和指导，为教学工作的持续优化提供建设性的意见和建议。具体而言，教学督导工作涉及对教学活动的全面督导、教学过程的定期巡查、专项教学工作的督导检查以及教师工作表现的评审等多个维度。

2. 督学

督学在于全方位、全过程地监督并引导学生的学习活动，主要涵盖对学生预习、上课、复习、考试及实习等各项活动进行监督。如遇学生迟到、早退或旷课等情形，需及时与学生沟通，提出合理且可行的解决建议与方案。

3. 督管

教学质量的提升，不但涉及教师的教和学生的学，而且与高校教学管理是否有效、教学管理政策与评价考核指标是否科学合理等紧密相关。督管工作正是围绕这些问题展开日常监督与指导工作的。

第四节　高校质量文化

一、质量文化的概念

"质量文化"概念由美国管理学家约瑟夫·M. 朱兰于二十世纪八十年代首次提出。他将质量文化定义为"人们与质量有关的习惯、信念和行为模式"。进入 21 世纪后，人们对质量文化的关注度越来越高，质量专家对质量文化的解读也越来越多。关于质量文化的内涵，目前主要的观点大致有三种：第一种观点认为质量文化包括质量物质文化、质量行为文化、质量制度文化和质量精神文化，其中质量精神文化被视为质量文化的核心；第二种观点将质量文化视为组织成员行为方式、管理模式与运行机制等"软件"方面，同组织设施设备与内外环境等"硬件"方面的综合体现；第三种观点认为质量文化是一个全面、系统的管理体系，具有激励、约束、导向和凝聚等管理职能，有助于提升组织的工作质量、产品质量和服务质量。

由中国质量协会牵头起草的《企业质量文化建设指南》将质量文化定义为"企业和全体成员所共有的关于质量的理念与价值观、习惯与行为模式、基本原则与制度以及其物质表现的总和"。由此可见，质量文化是企业的重要组成部分，企业文化建设应始终以质量为导向。

随着全球范围内高等教育质量保障运动的蓬勃发展，企业管理中的质量文化理念逐渐被引入高等教育领域，研究者也纷纷研究起高校质量文化。有研究者认为高校质量文化是高校在长期的教育教学过程中，自觉形成的涉及质量管理的价值观念、规章制度、道德规范、环境意识及传统、习惯等"软件"的总和。也有研究者认为质量文化是在长期的教育教学过程中，由领导倡导、职工认同、自觉遵守、逐步积淀的院校核心价值体系。对于高校而言，质量文化是弥足珍贵的无形资产与精神财富，为质量管理活动的实施奠定了坚实的基础。

二、高校质量文化的特征和功能

(一) 高校质量文化的特征

1. 时代性

高校质量文化需要反映时代的风貌、体现时代的要求，尤其是要适应不同时代的质量特征、质量内涵的演变和质量管理方法的发展与创新。

2. 独特性

高校在发展和壮大的过程中，由于内外部因素不同，会形成具有各自风格的质量文化。高校办学特色不同，质量文化也各有千秋。

3. 目的性

高校质量文化具有明确且特定的使命和任务，它注重培养人的质量意识和质量行为，致力于推动高校教学质量竞争力的全面提升。

4. 传承性

高校质量文化的形成深受高校自身办学特色的影响，并随着高校的发展而不断深化。

5. 开放性

高校质量文化秉持开放原则，与外界保持持续且广泛的交流与互动，共同推动质量文化的进步与发展。

6. 综合性

高校质量文化是质量价值观、质量道德观、行为规范、管理体系、管理风格和社会质量意识等诸多要素融合作用的综合体现。

(二) 高校质量文化的功能

作为高校内部的一种重要文化形态，高校质量文化具备多种功能，主要包括以下几点。

1. 导向功能

质量文化为高校明确了发展方向，不仅帮助教职工理解和遵循高校的质量价值观和质量目标，更在潜移默化中激发全体人员对教学质量的不懈追求，引导全体人员在质量文化的熏陶和引领下，自觉地为达成质量目标作出努力。

2. 凝聚功能

高校质量文化可以使教职工充分认同高校质量文化，通过建立共同的质量意识和目标，能够促进教职工思想的高度统一，进而增强教职工的归属感和凝聚力。

3. 约束功能

高校质量文化是一种集体信念，对高校内的每个成员都具有一定的约束效应。通过规范与反对那些不符合质量文化要求的行为，高校质量文化可以有效预防不良行为的发生，从而维护高校的质量与声誉。

4. 激励功能

当高校教职工理解并接受质量文化后，他们会被激发出强烈的质量意识和工作责任感，在日常工作中展现出更多的积极性、主动性和创造性。

5. 辐射功能

高校质量文化能对外界产生影响。教职工在参与各类培训和交流的过程中，能向外界传递本校的质量理念和行为准则，从而对社会文化产生积极而深远的影响。

三、高校质量文化的建设

2018 年 9 月，教育部印发了《关于加快建设高水平本科教育全面提高人才培养能力的意见》(以下简称"新时代高教 40 条")。"新时代高教 40 条"首次提出"加强大学质量文化建设"，要求将建设质量文化内化为全校师生的共同价值追求和自觉行为，形成以提高人才培养水平为核心的质量文化。

2019 年 4 月，教育部原部长陈宝生在"六卓越一拔尖"计划 2.0 启动大会上指出，"文化是最持久、最深沉的力量，打造'质量中国'，必须建立自省、自律、自查、自纠的高等教育质量文化，将思想、制度、行为、物态等不同层次的质量文化统一起来，营造心往一处想、劲往一处使的氛围，形成全员育人、全过程育人、全方位育人的校园育人文化，把质量意识内化为深入人心的价值理念和行为原则，落实到每一个人、每一件事。"

2021 年 1 月，教育部印发了《普通高等学校本科教育教学审核评估实施办法(2021—2025 年)》，该文件将"质量文化"列为审核指标。"质量文化"出现在政策文件及评估办法中，是对高等教育发展提出的新要求，也是对高校质量文化建设的有力助推。

从高校教学质量的形成与管理的角度来看，高校质量文化是由物质文化、制度文化和精神文化构成的一个金字塔结构，见图 5-1。金字塔的最底层是由硬件设施所构成的物质文化，中间层是高校教学质量保障的制度文化，最顶层是高校质量管理的精神文化。三层之间相互作用、紧密联系，共同形成一个有机的整体，对高校的教学管理和教学质量产生深远影响。

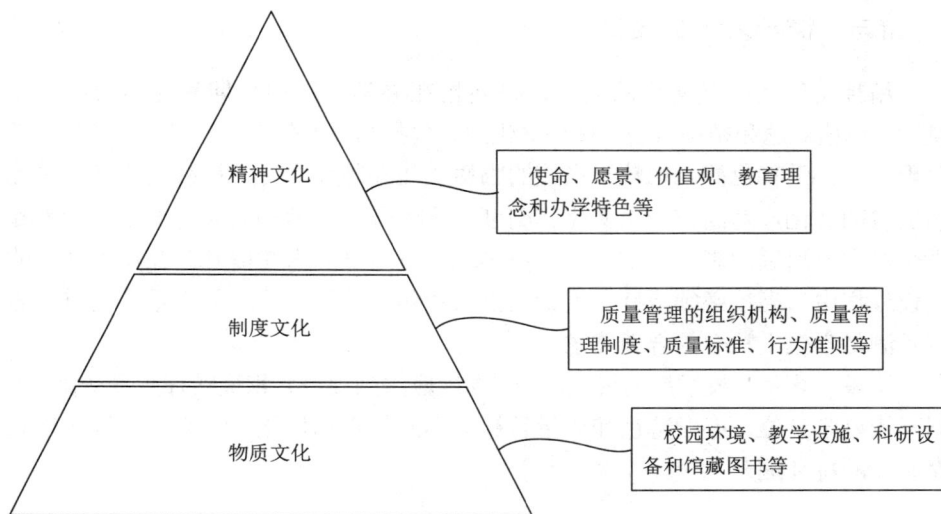

图 5-1　高校质量文化层次示意图

(一) 物质文化的建设

物质文化是制度文化和精神文化的基础和保障。物质文化主要由硬件设施构成，包括校园环境、教学设施、科研设备和馆藏图书等。高校物质文化的建设旨在通过物质形态的存在，直观展示高校的风格、特点和文化底蕴，实现熏陶、感染和教育的作用。高校需根据自身的发展目标和办学特色，进行全面的校园建设规划，确保经费投入，优化硬件设施，提升高校的整体形象和品位，营造积极向上的校园文化氛围。

(二) 制度文化的建设

制度文化是质量文化的核心，介于物质文化与精神文化之间，是适应物质文化的固定形式,也是塑造精神文化的主要机制和载体。高校的制度文化既包含了正式发文的高校质量管理制度,也包含了全体人员为达成目标而制定的程序化要求,以及在长期的工作和学习中全体人员所共同遵循的质量标准和行为准则。制度文化是一种约束,对全体人员发挥着规范性作用。制度文化的建设,关键在于构建并完善高校各类质量保障机制,确保这些机制有利于推动高等教育目标的实现。

(三) 精神文化的建设

精神文化是质量文化的灵魂,是高校在办学过程中长期积淀而成的文化氛围、价值观念和精神风貌。精神文化主要包括高校的使命、愿景、价值观、教育理念和办学特色等。相较于高校的物质文化和制度文化,精神文化是一种更深层次的文化,是高校物质文化、制度文化的升华。精神文化对师生的行为和思想产生着深远的影响,推动着高校实现教育质量的内在提升。在精神文化的建设过程中,高校必须坚持"质量为上"的信念,视人才培养为重中之重,尊重且满足学生、社会的合理需求。

质量文化是高校发展的灵魂,我国高校应深刻领悟并积极践行质量文化,根据高校办学定位、办学特色和质量目标,不断创新和优化质量文化,以实现教育质量的持续提升。

第六章
苏州大学应用技术学院教学质量保障体系

　　苏州大学应用技术学院成立于 1997 年 11 月，由教育部与江苏省人民政府共建的苏州大学申办，并于 2005 年改制为本科层次的独立学院。苏州大学应用技术学院秉承苏州大学百年办学传统，坚持"能力为本创特色"的办学理念，始终以培养高层次应用型人才为宗旨，形成了依托行业、强化应用、开放办学、高效管理的办学特色。

　　近年来，苏州大学应用技术学院高度重视教学质量保障体系的建设，坚定不移地推进质量监控与保障工作，以实现向标准化、科学化和系统化发展。基于全面质量保障理念，苏州大学应用技术学院构建了与其定位和发展相契合的、基于卓越绩效评价准则的质量保障体系。本章主要从教学质量保障体系的总体设计、教学质量保障体系的运行机制，以及教学质量保障体系的建设成效三个方面，对苏州大学应用技术学院的教学质量保障体系进行详细介绍。

第一节　教学质量保障体系的总体设计

一、教学质量保障体系建设的理念与原则

(一) 教学质量保障体系建设的理念

　　苏州大学应用技术学院始终坚持习近平新时代中国特色社会主义思想，全面落实立德树人根本任务、促进"四个回归"(回归常识、回归本分、回归初心、回归梦想)、系统提升人才培养能力和人才培养质量，面对高质量发展的新使命，不断创新高校内部质量管理模式。苏州大学应用技术学院明确了"产教

融合、质量强校"的发展战略，确立了"培养具有创新思维、实践能力和职业素养的高层次应用型人才"的培养目标定位。苏州大学应用技术学院在深入研究和深刻把握新时代应用型本科高校人才培养特点和国内外高等教育发展规律与趋势的基础上，深度融合了全面质量管理和卓越绩效评价准则的关键内涵和核心要义，确立了"培养具有创新思维、实践能力和职业素养的高层次应用型人才"的使命，建立了"建设特色鲜明的高水平应用技术大学"的愿景，形成了"勤奋、开放、创新、执着"的价值观(见表 6-1)。苏州大学应用技术学院在坚持使命、愿景和价值观的基础上，立足本校发展的新阶段，以"全面质量观、学生中心观、文化引领观、卓越发展观"理念为内核，以"有效提升和保障本校的人才培养能力和人才培养质量"为目标，全面系统地科学构建与其定位和发展相契合的教学质量保障体系。

表 6-1　苏州大学应用技术学院的文化体系

使　命	培养具有创新思维、实践能力和职业素养的高层次应用型人才。 To cultivate high-level、innovative and practical professionals.
愿　景	建设特色鲜明的高水平应用技术大学。 To become a distinctive high-level applied technology university.
价值观	勤奋、开放、创新、执着。 Diligence、Openness、Innovativeness、Tenacity.
校　训	学以致用。 Unto a practical person.

(二) 教学质量保障体系建设的基本原则

基于"全面质量观、学生中心观、文化引领观、卓越发展观"理念，苏州大学应用技术学院教学质量保障体系建设遵循"引领、护航、激活、纠偏、务实、增效"的基本原则。

(1) 引领原则，即以目标为导向，引领卓越发展。苏州大学应用技术学院根据办学定位和发展战略，设计了包含教育教学和管理服务等方面的质量目标，用以实现管理本校的年度目标和中长期发展目标。

(2) 护航原则，即以过程为导向，赋能协同成长。苏州大学应用技术学院坚持按照办学定位和办学目标，根据中长期战略规划，动态开展管理制度的"废、改、立"工作，并在此基础上系统梳理、制定和完善各关键业务的工作流程和工作标准。

(3) 激活原则，即以结果为导向，突出价值贡献。苏州大学应用技术学院在管理过程中，注重组织、部门及个人的价值贡献，不断优化激励机制，健全了覆盖人才培养全过程、全角色的荣誉激励机制，营造了良好的质量氛围。苏州大学应用技术学院通过广泛收集意见，制定多元化的激励方案，建立公平、公正、公开的评价标准等措施，激发教职工和学生的积极性和创造力，促进教学高质量发展。

(4) 纠偏原则，即以问题为导向，守牢质量底线。保障教学质量是苏州大学应用技术学院的首要任务，一切影响教学质量的行为都会被严肃对待。苏州大学应用技术学院坚持聚焦问题，通过自查、抽查、专项督查等方式，纠正错误，并落实主体责任，强化问责机制，促进问题整改，从而推动对教学质量的监管和评估。

(5) 务实原则，即以事实为导向，强调客观公正。苏州大学应用技术学院不定期开展专项调研，在调研中发现问题、解决问题，通过问卷调查、实地考察等方式搜集信息，并分析研究，还原事实，加强跟踪落实，确保调查研究取得实效。苏州大学应用技术学院还将调查研究纳入日常工作中，建立了完善的调查研究制度和工作流程，以确保调查研究工作的持续性和稳定性。

(6) 增效原则，即以数据为导向，促进信息共享。高等教育信息化正在引发高校教与学的深刻变革，智慧校园作为教育信息化的重要载体，已成为未来教育的发展趋势。苏州大学应用技术学院坚持以数据为导向，注重数据的采集、分析、应用、共享，打破信息壁垒，运用先进的技术和设备，将本校各领域的信息进行数字化改造、智能化升级，从而提高教学质量、提升学生学习体验、提高本校管理的现代化水平。

二、教学质量保障体系的基本框架

苏州大学应用技术学院内部教学质量保障体系由质量领导与决策体系、质量目标与质量标准体系、教学过程与资源管理体系、质量监测与评价体系、质量反馈与改进体系以及决策服务体系六个子体系组成，见图6-1。

(1) 质量领导与决策体系。苏州大学应用技术学院通过构建科学、合理的教学质量领导与决策体系，明确了本校的办学理念、办学思想，统一了教学质量保障体系的总体设计与实施，制定了人才培养工作的相关政策，协调和监督各工作机构的工作执行情况，并优化了校内资源的配置。质量领导与决策体系主要由学校领导、党政办公室、卓越绩效管理指导委员会、教学指导委员会、学位评定委员会等组成。

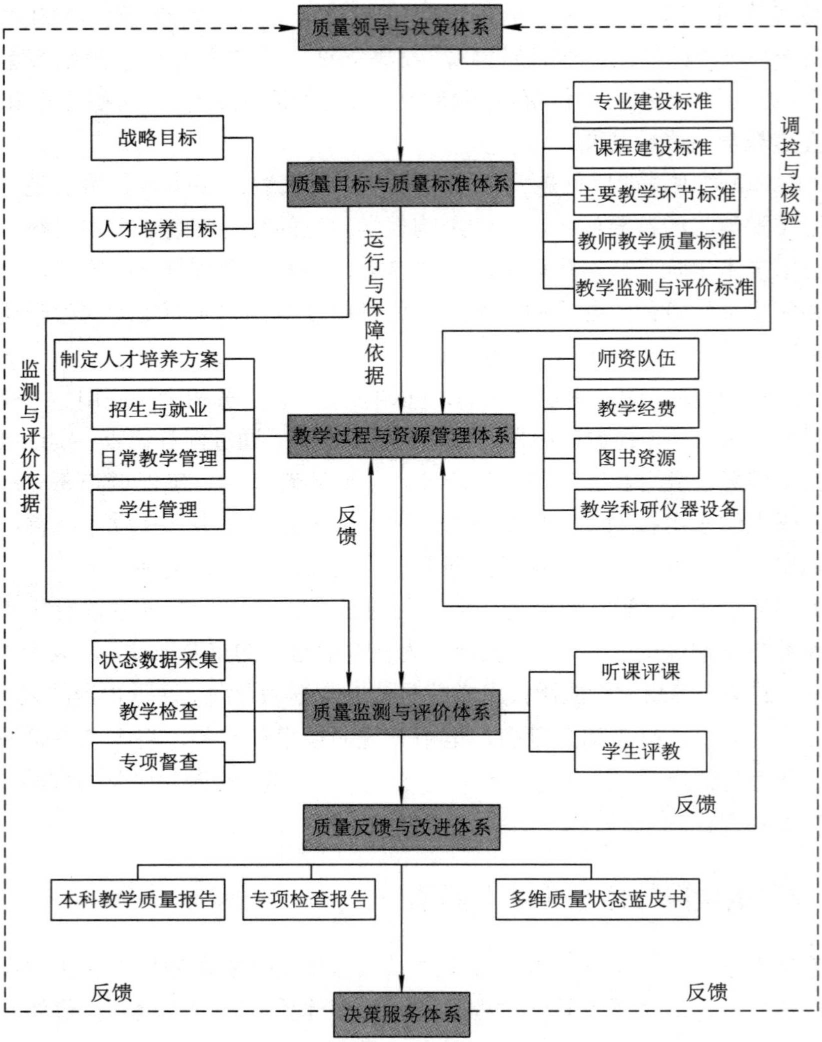

图6-1　苏州大学应用技术学院内部教学质量保障体系结构流程示意图

(2) 质量目标与质量标准体系。苏州大学应用技术学院根据办学定位设计了学校的战略目标和人才培养目标，用以实现管理本校的年度目标和中长期发展目标。同时，苏州大学应用技术学院根据教育主管部门制定的高校设置标准、评估和审核标准等有关标准设定了自身的质量标准，包括专业建设类质量标准、教学环节质量、教学评价质量标准等。质量目标与质量标准体系是苏州大学应用技术学院内部教学质量保障体系的出发点和落脚点，为教学质量保障体系的形成奠定了基础。

（3）教学过程与资源管理体系。该体系主要由教学过程管理和教学资源管理两部分组成。教学过程管理主要是对本校教学活动的各个环节和过程进行系统的运行管理，包括制定人才培养方案、招生与就业、日常教学管理和学生管理等。教学资源管理主要是为教学活动的各个环节提供条件和资源保障，如师资队伍、教学经费、图书资源、教学科研仪器设备等，以满足人才培养的需要。教学过程与资源管理体系主要由教务处、学生工作处、招生就业处、人事处、财务处、后勤与资产处、信息化建设与管理中心、图书与档案馆以及各教学单位组成。

（4）质量监测与评价体系。状态数据常态监测是中国特色的"五位一体"的高等教育评估制度的重要组成部分，是落实教育管办评分离要求的重要举措，也是高校"自我评估"的重要建设任务和"自我改进"的重要依据。苏州大学应用技术学院以职能部门、二级学院、专业、课程、教师、学生等质量主体为对象，设计并建设了质量状态数据监测与分析系统和质量评价系统。该系统对外实现教育部高等教育质量监测数据、高等教育事业基层统计数据、高校信息公开数据等的年度采集和上报，对内实现本校自主监测的质量数据的动态跟踪及教学质量的多元评价。质量监测与评价体系主要由质量与评估处、教务处等相关职能部门以及各教学单位组成。

（5）质量反馈与改进体系。苏州大学应用技术学院通过对监测数据进行全面、多维的分析，用以对外发布本校教学质量报告、各类评估和审核报告、检查报告，对内聚焦本校质量主体的不同需求，发布面向学校、专业、课程、教师和学生等多维度的质量发展报告，实现多层次、多视角的反馈。内外联动的评估、评价与督导工作机制和多维质量状态报告的发布，可以全面、准确、及时地反映本校教学质量状态，帮助各部门和各二级学院及时发现问题，并督促其形成质量改进措施，并对这些措施的实施及其改进效果进行持续跟踪与监督，以确保所有质量改进举措可靠落地。质量反馈与改进体系主要由质量与评估处、教务处等相关职能部门以及各教学单位组成。

（6）决策服务体系。该体系主要是形成高质量发展决策建议报告，供本校领导层决策参考，帮助领导层在复杂多变的教育环境中把握本校发展方向，确保教学质量能够实现高质量发展。

三、教学质量保障体系的组织架构

近几年，苏州大学应用技术学院不断优化质量管理机构和队伍，设立了卓越绩效管理指导委员会和首席质量官，建立了独立的教学质量监测与保障部门——质量与评估处，成立了学校督查督办工作领导小组，构建了校、院两级督导工作体系，组建了一支专兼结合、基础扎实、业务熟练的质量内审员队伍。苏州大学应用技术学院逐步完善了校、院两级教学质量管理组织机构，建立了"学校→二级学院→基层教学组织"三级教学质量保障机制。

(一) 校、院两级教学质量管理组织机构

党的十七大报告中明确指出："建立健全决策权、执行权、监督权既相互制约又相互协调的权力结构和运行机制"。2015年，教育部发布了《教育部关于深入推进教育管办评分离促进政府职能转变的若干意见》。该文件明确提出要深入推进教育"管办评"分离，要改变高校集决策、执行和监督于一身的权力结构模式，也要改变教务处集决策、执行和监督于一身的权力结构模式，构建科学、合理的权力运行机制。为此，苏州大学应用技术学院完善了教学质量管理组织机构，形成了校、院两级教学质量管理组织机构，如图6-2所示。

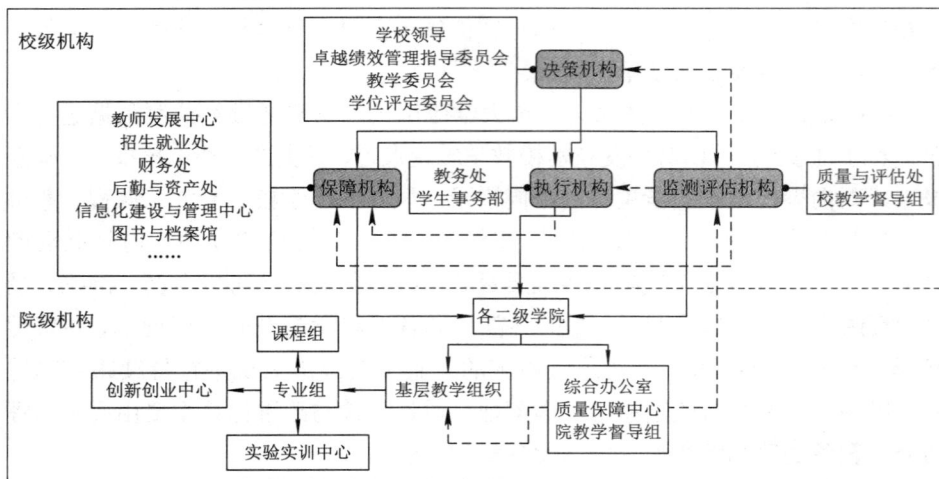

图6-2　校、院两级教学质量管理组织机构示意图

(二)　"学校→二级学院→基层教学组织"三级教学质量保障机制

为切实保障人才培养过程的高质量，高校必须建立健全本科教学质量保障体系，推动高校内部质量保障工作的稳健运行。为此，高校、教师及学生均应积极参与本科教学质量保障工作，强化质量意识，共同致力于提升教学质量。

1. 学校层面的教学质量保障工作

在苏州大学应用技术学院，校长是高校教学质量保障体系的首要责任人。同时，学校卓越绩效管理指导委员会、教学委员会、教务处，以及质量与评估处将全面主导并推进高校教学质量保障工作。这些机构会紧密围绕学校的办学目标和人才培养目标，制订教学质量保障体系的总体规划与方案。这些机构的主要职责包括对各教学单位的教学质量保障工作进行评估，以及对专业、课程、毕业论文(设计)、实习实践等关键环节进行反馈与指导，以确保教学质量得到全面提升。

在学校层面，各组织(人员)及其主要职责如下。

1) 校长

校长作为高校教育教学质量的首要责任人，应将提高高校教育教学质量视为己任，妥善处理规模扩张与质量提升之间的关系，保持统一性与多样性的平衡，关注"成人"与"成才"的双重目标，以及规范管理与深化改革之间的协调。校长应在充分理解教学质量对于高校发展的重要性的基础上，通过自身的号召力和影响力，推动全校师生共同关注教学质量问题。

2) 分管教学工作的副校长

在校长的指导下，分管教学工作的副校长负责全面规划和领导高校的教学工作，制定高校的教学政策和规划，指导人才培养方案的修订与实施工作。分管教学工作的副校长需深入理解和贯彻党和国家的教育目标和相关政策法规，积极响应上级教育行政部门的指示和要求，以正确的教育思想和现代教育理念为指导。分管教学工作的副校长应领导并指导学校的教学管理部门开展教学工作，确保教学工作有序进行。此外，分管教学工作的副校长还需要负责部署，并指导高校全局性的教学和教研工作，协助校长制定教学和教研相关部门的岗位职责条例和考核办法；协助校长做好师资队伍的配备工作，确保教师队伍的质量和数量满足教学需求。同时，分管教学工作的副校长还需深入二级学院及各基层教学组织,指导教育教学工作,并及时解决教学和科研工作中的问题,以确保高校的教学质量和科研水平得到不断提升。

3) 卓越绩效管理指导委员会

苏州大学应用技术学院于 2015 年正式引入卓越绩效模式,并于 2017 年设立了卓越绩效管理指导委员会。该委员会负责全面推进卓越绩效模式的实施,并统筹协调卓越绩效模式在实施过程中的重大决策、关键部署及核心问题。此外,该委员会还致力于推广卓越绩效管理的理念和实践准则,旨在提高本校的教育质量和管理水平。

4) 教学委员会

教学委员会是苏州大学应用技术学院非实体性常设机构,其主要职责在于统一组织、落实并协调处理全校的本科教学活动。教学委员会需深入研究教育教学改革及教育教学活动中的关键政策性问题,并向学校领导提供建议。此外,依据上级文件精神及学校领导的指示,教学委员会还需审议并决策关于教学改革与研究的相关重要事宜。

5) 学位评定委员会

苏州大学应用技术学院按照《中华人民共和国学位条例暂行实施办法》和《江苏省学位委员会关于改革省属高校学位授予单位学位评定委员会审批办法的通知》的有关规定,结合本校实际情况,组建了学位评定委员会。学位评定委员会主要负责制定、修改学士学位授予工作实施细则、审定授予学士学位人员名单,并作出授予学士学位的决定、作出撤销违反规定而授予学位的决定,以及研究和处理学位授予工作中的争议和其他事项等。

6) 教务处

教务处是在分管教学工作的副校长的领导下,具体负责教学工作的职能部门。教务处的核心业务包括参与制定并执行教育教学发展规划、推动教学改革与研究、组织人才培养方案的修订、制定本科教学质量标准、推进专业建设、课程建设与教材建设、课务管理与成绩管理、考务管理与学科竞赛等。

7) 学生工作处

学生工作处是在分管学生工作的副校长及党委的领导下,贯彻执行党的教育方针,全面落实立德树人任务,以人才培养为中心,全力服务学生成长成才的职能部门。学生工作处具体负责的工作是学生思想政治教育、心理健康教育、辅导员队伍建设、学生党员发展、奖助学金的评定与发放、学生公寓管理、大学生征兵以及学生的日常管理等。

8）质量与评估处

质量与评估处是负责教学活动监督、指导与教学质量监控和教学评估的职能部门。质量与评估处主要负责卓越绩效模式的实施、协调与推广；建立、健全本校内部教学质量保障体系和教学质量持续改进机制，制定各类教学质量评价标准；组织和实施教学质量检查；开展评教、评学、评课、评管等教学质量评价活动；负责组织开展全校专业评估等评估工作；负责教学质量状态数据的常态监测与反馈；校级督导队伍的建设与管理等。

9）校教学督导组

校教学督导组主要负责对全校教学与教学管理工作各环节、各领域进行全方位督查、评估、监控与指导。校教学督导组主要职责包括：有针对性地开展听课评课、巡课工作；参加每学期开学初教学检查、期中教学检查、课程考试情况巡查等工作；针对督导工作中发现的问题，本校人才培养中存在的重点问题、突出问题、难点问题、热点问题等开展专项调研，撰写高质量的调研报告，为教学工作提供决策依据或参考等。

10）其他职能部门

其他职能部门包括人事处、教师发展中心、财务处、后勤与资产处、图书与档案馆、信息化建设与管理中心等，这些职能部门为本校教学活动各个环节的良好运行以及教学质量的持续提升提供条件和资源保障。

2. 二级学院层面的教学质量保障工作

作为教学质量保障体系的重要组成部分，二级学院主要负责落实本校各项教学管理制度，加强本教学单位的专业建设和课程建设，并注重师资培养，以确保教学质量稳步提升。二级学院有必要建立完善的内部教学质量保障体系，构建符合自身实际的基层教学组织。二级学院通过对基层教学组织的全面支持、精细管理、科学考核、及时反馈和专业指导，不断提升专业办学水平和课程教学质量，为本校的整体发展作出积极贡献。

在二级学院层面，各组织(人员)及其主要职责如下。

1）院长

作为二级学院的核心领导者，院长肩负着学院整体教学、学生事务及行政管理的重大责任。作为教学质量保障的首要负责人，院长的主要职责涵盖以下几个方面：遵循本校的宏观发展规划，为二级学院的发展制定长远规划和阶段性工作目标；紧密结合社会对人才的需求变化，指导修订和完善人才培养计划；审核并指导落实本学院教学质量保障体系的建设与实施；有效调动学院内外资源，确保教学质量的持续提升。

2) 分管教学工作的副院长

分管教学工作的副院长主要分管本学院的教学工作，贯彻执行本校和学院关于教学方面的决定，保障学院教学的高质量运行。具体来说，分管教学工作的副院长的工作主要包括：协助学院院长规划二级学院的专业建设、教学改革、师资队伍建设、实验实训管理、创新创业教育、科学研究和技术服务等关键领域；指导各系科制定人才培养方案；指导二级学院开展日常教学管理；负责师资队伍的选拔、培养和管理；执行教学监控和评估工作；积极推动学院内部、学院间以及其他机构之间的教学交流与合作。

3) 教务秘书

教务秘书的主要职责有：做好专业建设计划制定与落实，人才培养方案调研与制定，专业评估和认证等；落实教务处的工作指示，负责本学院课表编制、考试管理、毕业论文(设计)管理；负责本学院调停课事项；负责本学院授课教师队伍的管理等。

4) 二级学院质量保障中心

二级学院质量保障中心主要负责本学院教学质量保障工作的组织与实施，按照学院的部署并结合自身实际，落实本学院质量保障体系，制订提升教学质量的措施；负责本学院质量保障日常工作、工作状态数据监测、与教学督导组的联络、对本学院收到的教学督导反馈问题跟踪处理、组织开展本学院日常听课评课、专项督查、专题调研等工作。

5) 二级学院教学督导组

二级学院教学督导组主要负责研究本学院相关专业教育教学现状和动态，掌握现代教育思想和理念，并引入本学院教学改革和实践；随时对本学院教师的课堂教学、实践教学等进行听课、检查与指导；召开或参与本学院教师、学生、管理人员座谈会，了解师生对教学工作的意见、建议和诉求，及时向有关部门反馈信息并提出建议；协助本学院做好各个教学环节的检查工作等。同时，二级学院教学督导组应与本校教学督导组保持紧密的工作联动、实现信息共享，相互支撑，做到边督导、边总结、边改进、边建设，共同推动教学质量的持续提升。

3. 基层教学组织层面的教学质量保障工作

基层教学组织是承担教学任务单位内部设立的教学组织实施机构，是贯彻执行本校教学运行与管理、教学研究与改革、教师专业发展等任务的基本单位。

在基层教学组织层面，各组织(人员)及其主要职责如下。

1) 系主任

二级学院的基层教学组织主要由各个系科组成，而系主任是系科的教学质量保障的主要负责人。系主任的职责主要包括做好本系科各专业人才培养方案的调研规划，不断优化、完善专业培养方案和课程体系；做好系科各专业教学任务的安排和落实；在教务处的统一安排下，做好本系科各专业教学过程管理和质量管理控制；负责本系科师资队伍培训，组织本系科教师开展各项教研活动。

2) 专业负责人

专业负责人是专业教学质量保障的第一责任人，负责制定本专业教学改革与发展规划、人才队伍建设规划、课程建设规划、教材建设规划、实践教学建设规划等专业发展规划，并组织实施；负责组织制定或修订本专业的人才培养方案，审核本专业课程教学大纲和实践教学大纲等；负责本专业师资队伍和教学团队组建；负责本专业教学评估工作，开展相关的日常教学质量监测和专业评估工作；负责本专业实验、实习、毕业论文(设计)等实践环节的计划实施和质量监控等。

3) 教师

教师在本科教学质量保障中肩负重大责任，具体包括以下职责：维持严谨的教风，树立为人师表的榜样；确保严格按照课程教学大纲执行，以保障学生能够达到预期的学习效果；持续探索并优化教学方法，实现教学的有效性，从而充分激发学生的学习兴趣；积极开发与学科紧密相关的优质课程及教学资源，为学生提供深入的专业指导；运用多元化手段及时评估并反馈学生的学习状况，以培养学生的学习能力；将学科前沿动态融入教学，促进教学与科研的紧密结合；鼓励学生自我发展，支持其个性化成长；同时，不断反思、审查与评估自身教学，综合运用各种科学的策略，持续提升教学质量与自身教学能力。

第二节　教学质量保障体系的运行机制

一、教学质量目标和质量标准运行机制

教育部原部长陈宝生曾明确指出："要以质量为纲，把标准建起来，把责任落下去，强化评估工作。"教学质量标准不仅是教学质量保障体系建立的基础，也是高校教学工作的核心要求和执行依据。教学质量标准需要自上而下地落实到高校的每个学院、每个专业、每门课程以及每一位教师，要明确体现在各二级学院以及各部门的工作职责、人才培养方案、课程教学大纲，以及教师的职责之中。

(一) 战略目标和人才培养目标

通过对新时代背景下应用型本科教育的认知和把握，苏州大学应用技术学院提出了"基于人才匹配的产教融合战略，面向智慧校园的质量兴校战略"作为本校的发展战略，明确了人才队伍、产教融合、智慧校园和质量强校四个战略主题的战略目标。苏州大学应用技术学院通过调研考察、研讨会等多种方式，将战略目标转化为长、中、短期战略规划，在职能维度上将战略目标有效分解，并落实到各职能部门和二级学院，确保了长、中、短期战略目标的有效实施。同时，苏州大学应用技术学院围绕办学定位和战略目标，确定了人才培养的总目标，即培养具有创新思维、实践能力和职业素养的高层次应用型人才。

(二) 各类质量标准

苏州大学应用技术学院以人才培养目标作为教学质量管理的总目标，通过精准识别并控制影响教学质量的关键要素，形成了包含专业建设质量标准、课程建设质量标准、教学环节质量标准、教师教学质量标准，以及教学质量监测与改进质量标准的教学质量标准体系，见表6-2。各二级学院在遵循苏州大学应用技术学院统一质量标准的前提下，结合自身学科特色和学院实际工作情况，对教学质量标准体系进行有针对性的调整、补充和完善，以确保教学质量标准的全面覆盖和切实可行。

表 6-2　教学质量标准体系一览表(节选)

标准类别	标准类型	相 关 文 件
专业建设 质量标准	人才培养方案	关于修订人才培养方案的通知
		各专业人才培养方案
	专业建设	苏州大学应用技术学院学科专业建设规划
		苏州大学应用技术学院一流专业建设实施方案
		苏州大学应用技术学院重点专业建设实施方案
课程建设 质量标准	课程建设	苏州大学应用技术学院精品课程建设实施方案
		苏州大学应用技术学院应用型课程建设实施方案
		苏州大学应用技术学院关于全面实施课程思政的指导意见
教学环节 质量标准	理论教学环节	苏州大学应用技术学院课程重修管理办法
		苏州大学应用技术学院本科生选课管理办法
		苏州大学应用技术学院本科生修读辅修专业及辅修专业学士学位管理办法
		苏州大学应用技术学院普通高等教育本科学生学分制学籍管理条例
		苏州大学应用技术学院学业证书管理办法
		苏州大学应用技术学院教材选用及建设管理办法
		苏州大学应用技术学院本科生转专业工作实施细则
		苏州大学应用技术学院本科生转专业工作管理规定
		苏州大学应用技术学院学士学位授予工作实施细则
		苏州大学应用技术学院学生考试管理细则
	实践教学环节	苏州大学应用技术学院毕业论文(设计)工作条例
		苏州大学应用技术学院毕业论文(设计)评优与奖惩条例
		苏州大学应用技术学院学科竞赛管理办法
		苏州大学应用技术学院创新学分认定管理条例

标准类别	标准类型	相 关 文 件
教学环节质量标准	实践教学环节	苏州大学应用技术学院实习工作管理办法
		苏州大学应用技术学院本科生毕业与学位申请规定
		苏州大学应用技术学院"大学生创新创业训练计划项目"管理办法
		苏州大学应用技术学院校内创新创业导师管理办法
		苏州大学应用技术学院实验室守则
		苏州大学应用技术学院实验室安全准入制度
		苏州大学应用技术学院实验室管理工作规范
		苏州大学应用技术学院实验室安全事故应急预案
教师教学质量标准	教学组织建设	苏州大学应用技术学院基层教学组织建设管理办法
	教师教学规范	苏州大学应用技术学院教师教学工作规范
		苏州大学应用技术学院学业导师管理办法
		苏州大学应用技术学院提升教师专业实践能力实施办法
		苏州大学应用技术学院师德建设长效机制实施办法
教学质量监测与改进质量标准	教学评估	苏州大学应用技术学院专业综合评估管理办法
	教学反馈	苏州大学应用技术学院本科教学质量报告编制发布工作方案
	教学监测	苏州大学应用技术学院质量状态数据管理办法
		苏州大学应用技术学院教学督导组工作条例
		苏州大学应用技术学院听课制度
		苏州大学应用技术学院学生教学信息员工作条例

1. 专业建设质量标准

苏州大学应用技术学院根据专业培养目标和《普通高等学校本科专业类教学质量国家标准》，制定了专业建设、人才培养方案等相关文件制度，并将其作为专业方面的质量标准参考执行。苏州大学应用技术学院制定了《苏州大学应用技术学院学科专业建设规划》《苏州大学应用技术学院一流专业建设实施方案》和《苏州大学应用技术学院重点专业建设实施方案》等文件，明确了总的专业建设规划以及一流专业和重点专业等专业建设的总体要求、主要任务和实施方法等。苏州大学应用技术学院根据办学实际、社会对人才需求的变化等，对人才培养方案进行了修订，进一步优化培养目标、科学规划课程体系，完善课程教学大纲等。

2. 课程建设质量标准

苏州大学应用技术学院始终毫不动摇地坚持课程建设在教学质量保障中的中心地位，不断优化和完善课程体系，以满足学生、社会和教育发展的需要。苏州大学应用技术学院制定了《苏州大学应用技术学院精品课程建设实施方案》和《苏州大学应用技术学院应用型课程建设实施方案》等文件，明确了各类课程的建设要求，保障项目实施的质量和效果。苏州大学应用技术学院还制定了《苏州大学应用技术学院关于全面实施课程思政的指导意见》，全面推进课程思政的建设。

3. 教学环节质量标准

为更加规范地管理教学过程，推动教学质量持续提升，苏州大学应用技术学院根据人才培养目标，制定了教学环节质量标准。该标准分为理论教学环节、实践教学环节。理论教学环节主要包括选课、考试、教材、转专业、学业证书等；实践教学环节主要包括学生学科竞赛、毕业论文(设计)、毕业实习等。

4. 教师教学质量标准

苏州大学应用技术学院制定了《苏州大学应用技术学院教师教学工作规范》，明确了教师从事教学工作的基本准则，设置了教师上课基本要求。苏州大学应用技术学院出台了《苏州大学应用技术学院学业导师管理办法》，引领和发挥学业导师在学生成人成才中做学问、塑品格的重要影响作用。苏州大学应用技术学院制定了《苏州大学应用技术学院基层教学组织建设管理办法》，明确了基层教学组织常态化建设的职责要求，为教学工作有效落实提供组织保障。

5. 教学质量监测与改进质量标准

教学质量监测与改进作为现代教育管理的核心组成部分，对于提升教学质量和保障教育效果起着至关重要的作用。苏州大学应用技术学院教学质量监测与改进质量标准主要包括专业综合评估、质量报告编制、质量状态数据管理和教学督导等，为本校保障教学质量和学生发展提供了坚实的基础。

苏州大学应用技术学院为深化师生中心理念，进一步树立工作规范意识、标准意识和质量意识，以"应该做什么""应该达到什么效果""应该由谁来做""应该由谁监督"为主线，分批制定了本校各项业务工作标准。业务工作标准主要结合相应的规章制度和文件精神，明确了具体业务责任人和具体工作要求，做到可测量、可监控、可追溯。经过多轮的修订和完善，苏州大学应用技术学院形成了院务管理类、新闻宣传管理类、党务管理类、教学管理类、实验室管理类、学生工作管理类等工作标准。同时，为了明晰工作脉络、明确工作职责、提高工作效率，苏州大学应用技术学院组织职能部门、二级学院制定各项工作的工作流程，共形成了校务类、财务类、教学类、科研类、学生事务类、人力资源类、信息资源类、一站式流程类共一百余项工作流程框架图，图6-3所示为人才培养方案优化工作流程图。

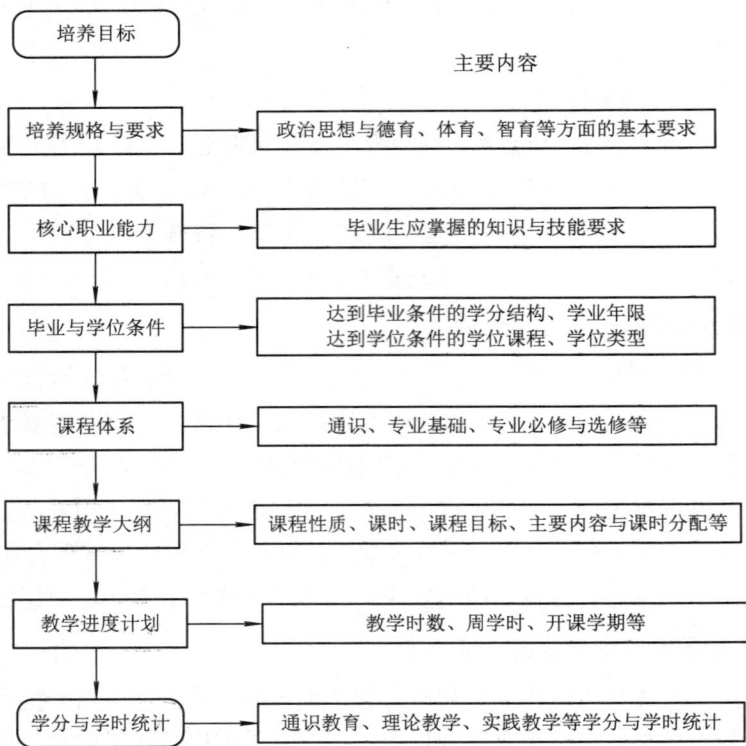

图 6-3　人才培养方案优化工作流程图

二、教学质量监测与评价运行机制

高等教育信息化正在引发高校教与学的深刻变革，健全的质量监测与评价运行机制是实现高校人才培养质量提升、内涵式发展的关键，也是外部审核评估和专业认证的重要内容。《关于加快建设高水平本科教育全面提高人才培养能力的意见》(教高〔2018〕2 号)和《关于深化本科教育教学改革全面提高人才培养质量的意见》(教高〔2019〕9 号)等教育部文件为开展本校的质量监测与评价工作指明了方向。苏州大学应用技术学院以教育信息化 2.0 建设为契机，以状态数据的体系化构建和利用为牵引，系统化、常态化地建立，并实施了本校教学质量监测和评价机制，形成了"学校→学院→专业→课程"四层递进式质量监测与改进环路、建立了多元主体质量监测队伍、建设了链式质量数据一体化管理监测平台、探索了基于数据驱动的课堂教学质量多元评价模式。

(一) "学校→学院→专业→课程"四层递进式质量监测与改进环路

苏州大学应用技术学院主动适应国家战略发展新需求，积极引进、借鉴和吸收优秀企业和其他高校的先进管理经验和教育理念，从学校、二级学院、专业和课程等四个层次，积极探索运行了四层递进质量监测与改进环路，图 6-4 为基于 ISO9001 和卓越绩效体系的四层递进式质量监测与改进环路示意图。

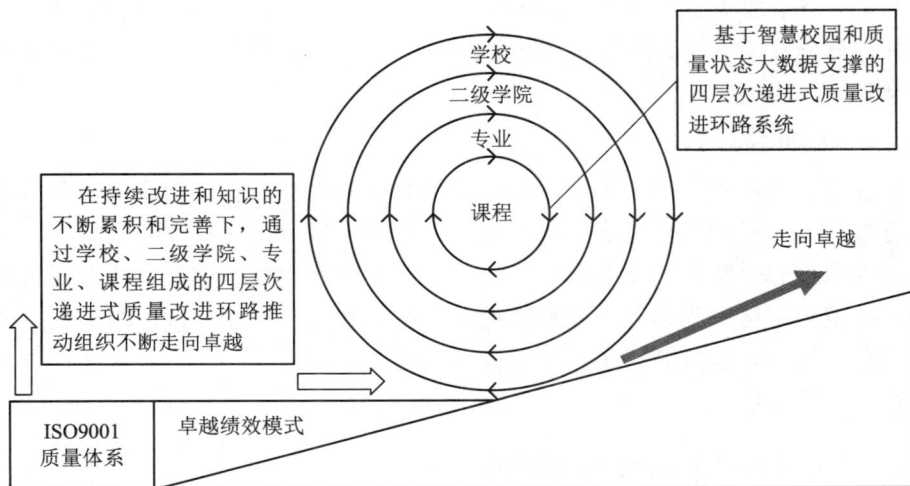

图 6-4　基于 ISO9001 和卓越绩效体系的四层递进式质量监测与改进环路示意图

1. 学校层面

苏州大学应用技术学院积极借鉴 ISO9001 质量管理体系的过程管理方法，系统制定了质量管理文件、程序文件和记录文件等符合应用型教育特点的内部质量管理文件体系。苏州大学应用技术学院结合高等教育的质量内涵和办学定位，深入理解卓越绩效模式的理念和评价准则，通过高层推动、理念认同、战略统领、目标管理、顾客驱动、以人为本、系统梳理、对标自评、事实依据、信息支撑、关注过程、重视结果、学习创新、持续改进等进行系统设计和实践，导入并实施了具有本校特点的卓越绩效模式，构建并运行了基于 ISO9001 和卓越绩效模式的应用型本科教育质量保障体系。

2. 二级学院层面

基于问题导向和结果导向，坚持指标引领行动，二级学院建立了专业人才培养考核体系，对教学运行与学风建设、教学档案管理、教研室活动、实验室建设规划与运行、青年教师培养等情况进行考核，有效提高了二级学院教职工的工作积极性和工作效率。

3. 专业层面

为不断提高专业建设水平和教学质量，进一步完善本校专业综合评估工作机制，苏州大学应用技术学院探索构建了学校、二级学院、系三级专业评估体系，并出台了《苏州大学应用技术学院专业综合评估工作管理办法》。该文件明确了各层面专业综合评估工作职责，落实了二级学院专业建设与评估主体责任，充分发挥了评估在质量保障体系中的重要作用，强化了学校全面质量保障意识。

4. 课程层面

应用型课程体系服务于经济社会发展的有效度、专业与行业企业合作的结合度、培养过程与生产实践的对接度、培养质量与行业需求的匹配度，是应用型课程建设验收的重要依据。推进应用型课程建设是深化本校课程教学改革的重要举措。为了确保课程建设工作的顺利进行和建设目标的实现，苏州大学应用技术学院开展了应用型课程建设，定期组织专家对课程进行中期检查和验收评估。

(二) 多元主体质量监测队伍

为持续推进质量管理工作向纵深发展，加强本校内部质量监督，苏州大学应用技术学院组建了由校院两级教学督导、内审员、学生教学信息员构成的多元主体质量监测队伍。

1. 教学督导

教学督导是高校教学管理过程中的参谋人员，对高校教学工作进行监督、指导、评估和反馈。苏州大学应用技术学院探索构建了学校、二级学院两级教学督导工作体系，通过制定《苏州大学应用技术学院本科教学督导工作条例》，明确了校、院两级教学督导的聘任要求、工作职责与权利，探索了集日常督导、专项督导、跟踪督导于一体的新型教学督导工作机制。教学督导主要开展多种形式的听课评课工作、教学专项检查、参与师生座谈会、参与指导教学竞赛、评比评审教改项目等活动，并参与对教学相关工作进行的检查和评估，对本校教育发展规划、专业建设和教学管理等重大事项提出意见和建议。

2. 内审员

自引入 ISO9001 质量管理体系后，苏州大学应用技术学院组建了一支专兼结合、基础扎实、业务熟练的质量内审员队伍。为加强内审员队伍的专业化建设，提升内审员业务水平和能力，苏州大学应用技术学院多次派送内审员参加质量管理体系专业培训。内审员主要职责包括：协助部门领导建立、实施和保持本部门质量管理体系，确保质量管理体系过程得到建立和保持；负责本部门有关的体系文件控制，协助部门领导审核质量手册、质量方针、质量目标，指导本部门对相关文件之使用、保管、收集、整理与归档；协助学校做好质量管理体系的外审工作；管理评审计划、收集并提供管理评审所需的材料，编写管理评审报告，协助、协调、监督实施管理评审中相关纠正、预防措施；向校级质量管理部门和本部门领导报告质量管理体系运行情况，并提出改进建议等。

3. 学生教学信息员

为更好地了解教学过程中教与学的基本情况，充分发挥学生自主参与教学管理的主动性和积极性，搭建学生与教师、学院之间的桥梁，促进和深化学院的教学改革，苏州大学应用技术学院组建了学生教学信息员队伍，并出台了《苏州大学应用技术学院学生教学信息员工作条例》。该文件明确了学生教学信息员的职责，规范了学生教学信息员的管理。学生教学信息员主要任务是：真实、客观、准确、实事求是地收集整理本校教学与管理领域的情况，收集整理学生、教师对学院的教学工作各方面提出意见和建议，及时反映教学方面的问题。

(三) 链式质量数据一体化管理监测平台

教育部从 2007 年底开始立项建设全国高等教学基本状态数据库，2011 年 6 月正式启动状态数据院校采集工作，2012 年 10 月建立新建本科院校年度采集制度，2016 年 10 月将独立学院纳入状态数据采集范围。苏州大学应用技术学院在充分研究国家质量数据平台体系的基础上，结合本校的转型发展需要和内部质量保障体系建设的需要，完善和健全本校质量状态数据体系，建设了由质量状态数据采集与管理系统、多维数据自主分析系统、教学质量评价系统组成的"链式质量数据一体化管理监测平台"。

1. 质量状态数据采集与管理系统

质量状态数据采集与管理系统集成了多重数据信息，不仅严格遵循国家质量数据平台采集标准以及高等教育事业基层统计的规范，还包括教师、学生、课程等微观信息，从而构建了一个全面且精细的质量状态数据采集与管理体系。该系统通过先进的自动化技术，实现了数据的自动采集、校验与审核，提升了数据采集的自动化和信息化水平，降低了人力和时间的投入，优化了工作流程，提高了工作效率。此外，该系统还能够生成教学状态核心数据，根据办学标准对本校的办学条件指标进行动态监测和预警，实时展示本校的教学现状，为决策者提供及时、准确的信息支持，以便迅速采取改进措施。

为了进一步规范并推进质量状态数据的采集、利用与管理工作，明确各级职责，确保质量状态数据管理的规范性和有效性，苏州大学应用技术学院特别制定了《苏州大学应用技术学院质量状态数据管理办法》(以下简称"《办法》")。《办法》在数据的产生与维护、数据的采集与上报、数据的利用与发布、数据的安全与管理等方面进行了明确规定，为本校数据采集工作提供了坚实的制度保障，全面提高了状态数据质量和利用水平，有效促进了学院内涵建设和提升人才培养能力。

2. 多维数据自主分析系统

在质量状态数据采集与管理系统的基础上，为进一步深度挖掘和分析利用采集到的状态数据，苏州大学应用技术学院建设了多维数据自主分析系统。该系统具有高度的灵活性和自主性，可根据不同质量主体和不同需求，自主设定分析模型、自主设定分析指标并自动生成相关图表。通过这些功能，决策者可以更深入地对比和分析数据，从而更直观地展示当前的教学状态与成效。这一系统的建立，不仅提升了数据利用的价值，也为本校的教学管理提供了有力的支持。通过该系统，苏州大学应用技术学院可以更加全面地了解教学状态，及时发现和解决教学中存在的问题，提高教学质量和效率。

3. 教学质量评价系统

为了进一步补齐智慧校园的短板，强化质量评价的弱项，平衡问责与赋能，强化监督与引领，苏州大学应用技术学院建设了教学质量评价系统。教学质量评价系统的建设，旨在弥补传统 PC 端工作的局限性。得益于移动设备的普及和互联网技术的发展，该系统能够随时随地收集教学质量监控数据，实现教学质量过程化监测的动态化、常态化、移动化、便捷化。该系统的建设不仅极大地提升了教学质量评价的参与度、有效性和利用率，还使得评价数据形成了闭环，便于分析与改进。图 6-5 所示为教学质量评价系统界面图。

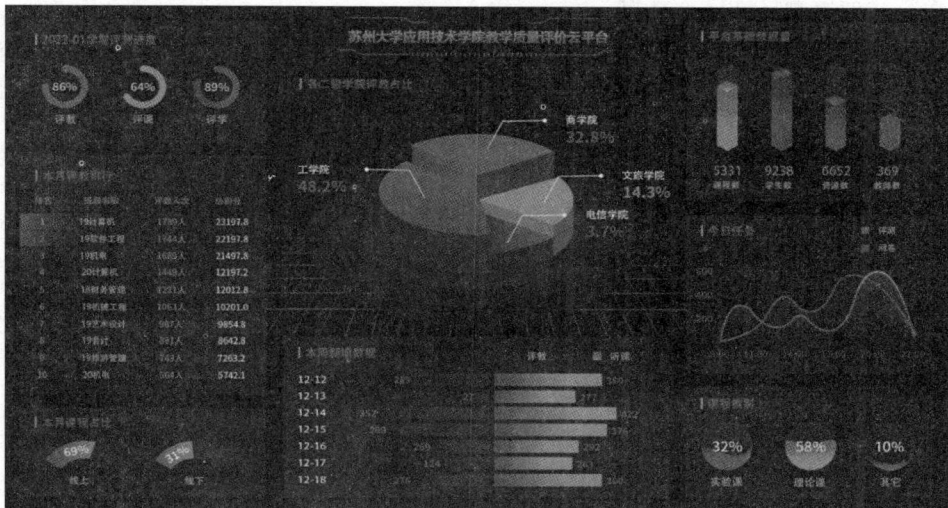

图 6-5　教学质量评价系统界面图

(四) 基于数据驱动的课堂教学质量多元评价模式

在高校人才培养过程中，课程是人才培养的核心单元和核心要素，而课堂教学是实现课程培养目标最重要、最基础的载体。课堂教学质量评价是高校了解教学现状、发现教学问题、引领教学改革的指挥棒，是实现高质量人才培养的基础。

1. 构建课堂教学质量多元评价

为了全面、科学、合理地对课堂教学质量进行评价，苏州大学应用技术学院积极寻求创新，探索并构建了课堂教学质量多元评价体系，即全过程、多立体、分类型。

1) 课堂教学质量全过程评价

教学质量评价的核心目的在于提高教学效果，进而提升人才培养的整体质量。苏州大学应用技术学院的教学质量评价已成为常态化的日常工作，贯穿每一学期、每一教学周的始终。教学质量评价主要包括各级领导、专家、教学督导以及教师同行的随机课堂听课评价，学生的即时性课堂反馈评价，教学信息员的日常性反馈评价等。此外，苏州大学应用技术学院的课堂教学质量全过程评价还包括学期末学生的总结性评价和教师的自我反思评价。同时，苏州大学应用技术学院对于重点培养对象，实施针对性的重点教师评价；对于关键课程，开展专题性的深入评价。

2) 课堂教学质量多主体评价

在课堂教学活动的实施过程中，教师作为主导者，学生作为接受者，对教学的整体过程和效果有着最为直观和深刻的体验。基于此，苏州大学应用技术学院构建的教学质量评价体系必须包含对教师教学表现的评价以及对学生学习成效的评估。鉴于评价活动与教师、学生的切身利益息息相关，苏州大学应用技术学院在实际操作中还引入了多主体评价，如教学督导、学校领导和教师互评等。教学督导通过有目的的听评课活动，能够深入了解教师的教学情况和学生的学习状态，及时发现并反馈课堂教学中存在的问题，进而帮助教师提升教学技巧，优化教学效果。学校领导通过听课评课可以直观地了解课堂的实际情况，并直接听取师生对教学和管理工作的意见和建议。教师互评不仅有助于发挥资深教师的示范作用，还能促进同行间的交流，提升教学技艺。

3) 课堂教学质量分类型评价

当前，高校所开设的课程依据其性质可被划分为通识教育课程、大类基础课程、专业必修课程、专业选修课程和开放选修课程等多个类别。从授课形式上分，这些课程又可被归纳为理论类课程、实验类课程和理实一体化课程等。每种类型的课程均有其独特的教学目标和教学方法，因此评价指标的选择和应用也应有所区别。对于理论类课程，苏州大学应用技术学院着重评估授课教师的教学导入能力、授课内容的深度与广度、教学技能的运用、教学态度的端正、师生互动的活跃度以及学生的学习效果等方面。对于实验类课程，苏州大学应用技术学院更加关注教师对实验环节的熟悉程度、学生的实验操作能力、分析问题和解决问题的能力培养等方面的表现。

苏州大学应用技术学院正致力于探索针对不同课程类型的分类设计评价指标。通过对课程内容、结构和属性的全面系统分析，苏州大学应用技术学院力求构建出可监测、可观察、可操作的评价指标。这种分类型评价的方式，不仅有助于引导学生根据课程属性进行客观评价，更能让学生在评教过程中感受到不同类型课程之间的差异，进而促使他们根据不同的课程特点采用相应的学习方法，从而提升学习效果。

2. 基于信息化手段的课堂教学质量评价

智慧校园建设是教育现代化的重要标志，为高校的教学管理带来了革命性的变革。在智慧校园的大环境下，苏州大学应用技术学院已经成功实现了教学管理的信息化，基于信息化手段的课堂教学质量评价也应运而生。苏州大学应用技术学院借助先进的信息技术手段，课堂教学质量评价能够实现对课程信息的全面、精确掌握，确保评价的实时性与便捷性。同时，基于信息化手段的课堂教学质量评价系统支持决策者自主设定评价指标与权限，实现多级灵活管理，并及时提供反馈，以促进教学质量的不断提升。

1) 课程信息完整、精准覆盖

课堂教学质量评价系统建立在翔实的课堂课程信息基础之上。基于智慧校园数据中心，教学质量评价系统与教务系统、实验实训管理系统等自动对接，实时同步本学期的教学安排等基础数据，如遇调(停)课等临时安排，系统也可及时同步并呈现最新的教学安排。这些基础数据包括院系信息、专业信息、班级信息、教师信息、学生信息、课程信息、课表信息、教学大纲信息和教学进度表信息等。此外，数据中心还会定期执行数据比对任务，通过全同步和增量同步的方式，进行数据的去重、补全，修改异常数据，并检测潜在的数据冲突，从而确保本校每学期每一门课程的数据得到全面、精确的覆盖。

2) 评价实时、便捷

课堂教学质量评价系统通过互联网实时发布评测通知，并高效收集评价信息，确保评价过程的透明度和及时性。评价主体可利用手机随时与教师、学生进行互动沟通，促进信息的有效传递和反馈。

在进行课程评价时，学生可轻松地在手机上自动导入个人课表，该系统将清晰展示各类待评课程的详细信息。领导、督导及同行教师听评课时，也可通过手机实时、便捷地认领听课课程并进行评价，确保了评价工作的顺利进行。同时，苏州大学应用技术学院针对不同课程类别(如理论课、实验课、实践课、思政课等)设计了不同的评价内容，确保评价结果的针对性和准确性。通过这种方式，决策者能够获取更真实、准确的评价数据和内容，从而实现对课堂教学质量的实时监控和有效提升。

3) 自主设置评价指标及其权重

苏州大学应用技术学院从课程评价、教学评价、管理评价等多维度出发，自主设定了各项指标的权重，确保评价数据的真实性、准确性及有效性。在学生评价课程时，苏州大学应用技术学院设定了针对教师教学态度、教学内容、教学方法和教学效果四个方面的十项评价指标。在领导、督导、同行教师听评课时，针对不同类型的课程(如理论课、实验课、实践课及思政课等)，评价内容有不同的侧重点。此外，该系统还支持领导、督导、教师及学生在校园内的任何地点和时间，对教学管理提出宝贵意见和建议。在数据统计方面，苏州大学应用技术学院科学合理地设定了学生评教、领导评价、专家评价、教学督导评价及同行评价的权重，并定期向领导、督导、教师及学生代表征询关于课程教学评价指标及其权重的意见，以确保体系的不断完善和优化，形成质量管理闭环。

4) 多级自主管理、及时反馈

基于教学管理体系的构成及其运行特征，苏州大学应用技术学院遵循分工明确、各司其职、协调配合的原则，构建了校级与院级两层级的教学督导与教学领导听课评课机制。在督导听评课的安排上，校级督导和校级领导有权听评全校范围内的课程，负责对全校课程的教学流程、教学效果和质量进行全面检查和评估。而院级督导和院级领导则专注于本院系内的课程，在校级的基础上进行更为细致、深入和专业化地分级管理和评价。此外，苏州大学应用技术学院还设计了多种灵活的督导听课评课模式，如督导可根据专业特长自主选择课程进行听评，或根据本校对重点课程和教师的培养要求来安排听评，亦可依据听评课程的覆盖面有针对性地选择听评对象。在信息反馈环节，师生能够即时接收个性化的反馈结果，并可进行即时的回复和交流。同时，系统管理员会实时收集并整理师生提交的教学相关建议和问题反馈，确保将相关结果及时准确地反馈给对应的师生。

3. 评价数据的多维度、多层次、多指标统计分析

通过领导、督导、同行教师以及学生的全面评价，苏州大学应用技术学院获取了大量的教学评价信息。这些信息的深入统计分析显得尤为重要。基于教学质量评价系统，苏州大学应用技术学院可即时总览教学评价信息，多主体、多维度地分析评价数据，并对教学质量进行综合考评。

1) 评价数据可即时总览

系统管理员可利用教学质量评价系统，实时追踪领导、督导以及同行教师的听课评课任务完成情况，确保相关二级单位和部门能够及时获得反馈，以便有效协调并推进全校的听评课工作。教师本人亦可即时查阅个人的评教结果以及被听课评课的数据统计，并实时与提出建议的学生、同行教师、督导及领导以匿名方式进行交流沟通，从而更深入地了解并解决问题。在学生端，该系统依据收集的数据可自动生成学期账单，以增加学生使用的趣味性。此外，该系统还设有投票功能，如学生在每学期均可通过移动端对教师和课程进行投票，评选出最受学生欢迎的教师和课程。

2) 统计分析多主体、多维度

苏州大学应用技术学院的教学质量评价系统可实现按任务完成度统计、按被评价课程统计、按课程类型统计、按二级单位统计等多维度统计方式。同时，该系统还能对评价数据进行多主体、多维度地分析，根据预设权重进行综合计算，最终生成全校课堂教学质量数据报表，为本校教学管理部门提供参考。

3) 教学质量综合考评

苏州大学应用技术学院通过综合运用领导评价、督导评价、教师同行评价、学生评教以及实践教学与业绩评价等多维度质量活动结果，对教师教学质量进行全面考核。该考核结果会作为年度评价、评选优秀、晋升职务和职称评聘的重要依据。在操作流程上，苏州大学应用技术学院实施了二级权限管理机制。各级管理员在权限范围内，可根据本院实际情况灵活调整质量考核指标及其权重，确保评价体系的科学性和实用性。需要强调的是，校级管理员可全面掌握全校教学质量考核结果，而院级管理员则专注于本院的教学质量考核情

况，以确保教学质量管理的精细化和专业化。

三、教学质量反馈与改进跟踪机制

苏州大学应用技术学院通过教学质量反馈与改进跟踪机制来实时反馈收集到的教学质量信息，及时改进教学手段和方法，推动教学改革、提高教学质量，进而促进人才培养各环节的持续改进，促进育人质量的不断提高，助力高校培养更多高素质的应用型人才。

(一) 质量状态数据反馈

为深度挖掘和量化研究与分析质量状态数据，进一步发挥基于"数据和事实"且有针对性的教学质量改进方向咨询和改进策略建议等价值，苏州大学应用技术学院聚焦质量主体的需求，聚焦质量状态的针对性反馈，实施了教学质量报告制度和质量状态蓝皮书发布制度。该制度呈现和分析了各质量主体、主要质量环节和质量要素的质量状态，并给出质量改进建议，不断完善全过程管理、全员参与的质量持续改进闭合环路，促进质量主体的内生动力。其中，教学质量报告是教育部明文规定的，是在信息公开网上对外公开发布的，这让更多的人了解本校的教学状况，增强社会对教育教学的关注度和信任度，也有助于推动高校之间的交流和合作，共同提升教育教学水平。质量状态蓝皮书是本校自发开展的工作，仅对内公开，通过对教学质量的深入分析，学校管理层可以更加准确地了解教学工作的优点和不足，从而制定出更加科学合理的教育教学政策，优化教学资源配置，提高教育教学效率。

1. 教学质量报告

编制发布教学质量报告是教育部《高等学校信息公开事项清单》中的一项重要内容，是完善信息公开制度的重要工作，是建立健全高等教育质量保障体系的重要举措，也是高校向社会展示办学特色、宣传办学理念和教学成果的重要途径。教学质量报告主要包括本科教育基本情况、师资与教学条件、教学建设与改革、专业培养能力、质量保障体系、学生学习效果、特色发展、需要解决的问题等方面。

苏州大学应用技术学院认真贯彻落实教育部文件要求，充分利用数据采集系统采集到的数据，编制发布年度本科教学质量报告，并出台了《苏州大学应用技术学院本科教学质量报告编制发布工作方案》(以下简称"《方案》")。《方案》明确规定了报告编制的主要内容、组织机构及职责、工作流程与时间安排以及工作要求。同时，苏州大学应用技术学院以编制教学质量报告为契机，深化教育教学改革，不断提高教学质量。

2. 质量状态蓝皮书

尽管苏州大学应用技术学院建立了教学质量报告制度，并作为信息公开的内容向全校和社会予以公布，但因其数据统计和分析的视角多为学校，没有聚焦到二级学院、专业、课程、教师和学生等质量主体自身，难以调动质量主体去积极阅读和主动利用。基于此，苏州大学应用技术学院在编制和发布教学质量报告的基础上，还将数据统计和分析的视角聚焦到二级学院、专业、课程、教师和学生等质量主体自身，创新性地发布了《苏州大学应用技术学院教育教学质量状态蓝皮书》(以下简称"《蓝皮书》")。《蓝皮书》充分挖掘和发挥了历年教育教学质量状态数据的价值，进而分析研判本校教育教学质量发展现状。这一措施是学校实施高等教育教学质量常态监测、加强高等教育督导评估，也是实现本科教学及专业发展常态跟踪的重要手段。

《蓝皮书》通过对本校近几年各类教学状态数据的纵向比较分析以及与同类高校核心数据的横向比较分析，掌握本校教育教学质量现状，同时找出与省内同类高校的差距。同时，《蓝皮书》每期均会聚焦一个主题，在对质量状态数据全面分析的基础上，进一步聚焦主题，展开充分的调研分析，实现数据的最大"增值"，并提出具有针对性和可操作性的对策建议，完善质量监测。《蓝皮书》在全校范围内适时发布，以便学校领导、职能部门和二级学院负责人能够及时、全面了解教学发展现状，为下一步持续改进措施的实施和本校高质量发展提供参考依据，表 6-3 展示了近三年《蓝皮书》的主题。

表 6-3　近三年《蓝皮书》的主题

年　份	主　题
2022 年《蓝皮书》	聚焦师生发展
2023 年《蓝皮书》	聚焦指标变化
2024 年《蓝皮书》	聚焦内涵建设

(二) 教学评价结果反馈

为了有效发挥课堂教学质量评价在促进教师教学发展方面的诊断与导向功能，苏州大学应用技术学院建立了全面且多样的教学评价结果反馈机制。这一机制依据反馈周期的不同，分为实时反馈、月反馈和学期反馈三种形式。

(1) 在主体听评课和评教活动结束后，教师能够即时接收到来自不同主体的反馈交流结果，并可以迅速作出回应或解答疑问。这种实时反馈机制有助于教师及时调整教学策略，优化教学效果。

(2) 每月的教学工作例会上，教学质量监测管理部门会向二级学院通报领导、督导和同行教师在当月听评课过程中收集的意见和建议。二级学院需对关键问题和关键环节给予及时反馈，以确保教学质量得到持续改进。

(3) 在学期末，教学质量监测管理部门会对所有课程、教学班、教师的听课和评教结果进行汇总和分析，并在适当时机公布。

同时，苏州大学应用技术学院会公布评价结果表现优异的教师和课程，以表彰其优秀教学成绩，并通过交流和总结活动，充分发挥优秀教师的示范作用。对于评价结果排名靠后的教师，苏州大学应用技术学院会通过个别谈话、检查性听课、学生和领导督导评价反馈等多种渠道，协助其分析并找出问题原因，以便采取有效措施帮助其提升教学效果。

(三) 专项检查结果反馈

在主要教学环节的质量监测工作中，苏州大学应用技术学院不定期开展了各类专项检查。专项检查结果，由检查小组及时汇总并形成专项分析报告。专项检查分析报告直接聚焦问题、呈现问题、分析原因、提出建议，有针对性地反馈教学质量现状。苏州大学应用技术学院近几年聚焦人才培养过程中重点关注的问题，主要开展相关检查并形成了《人才培养方案专项检查报告》《学籍异动工作开展情况专项调研报告》《毕业论文(设计)专项检查报告》《期末考试试卷专项检查报告》《学生实习情况专项检查报告》《毕业率、学位授予率专项调研报告》《学生作弊情况专项调研报告》等多个专项检查分析报告。这些报告均在第一时间反馈给相关单位和分管校领导，帮助决策者就发现的问题制定整改措施，同时也帮助决策者及时了解本校人才培养过程中遇到的重点问题，为进一步开展针对性地改进提供依据。

(四) 毕业生就业信息反馈

苏州大学应用技术学院每年根据《教育部办公厅关于编制发布高校毕业生就业质量年度报告的通知》《教育部办公厅关于进一步做好普通高校毕业生就业统计与核查工作的通知》等相关文件要求，遵循全面、准确、科学、严谨的原则，统筹分析毕业生就业状况。结合本校实际情况，苏州大学应用技术学院编制和发布了《苏州大学应用技术学院毕业生就业质量年度报告》(以下简称"《就业质量报告》")。《就业质量报告》由苏州大学应用技术学院委托第三方编制，通过获取"全国高校毕业生就业管理系统"、江苏省高校招生就业指导服务中心的"江苏省普通高校毕业生就业调查"以及"用人单位调查"数据，形成了包含总体结论、毕业生就业基本情况、就业创业工作举措、就业质量相关分析、就业发展趋势分析以及毕业生评价的报告。《就业质量报告》全面总结和分析高校毕业生就业状况，完善毕业生就业状况反馈机制，为进一步深化高校教育教学改革，优化学科专业结构，提高人才培养质量，建立健全高校人才培养、社会需求和就业创业良性互动的长效机制提供坚实的依据。

四、内外联动的质量保障机制

苏州大学应用技术学院积极构建了以高校内部质量保障为基础，教育行政部门为引导，学术组织、行业部门和社会机构共同参与的内外联动的质量保障机制。

(一) 构建本校与行业企业协同发展平台

为全面落实高质量发展要求，促进人才培养供给侧和产业需求侧结构要素全方位融合，促进地方政府、本科高校、行业企业围绕产教融合协同发展，苏州大学应用技术学院举办了多届应用技术教育教学指导委员会大会。应用技术教育教学指导委员会是"政、企、校"联合组建的咨询和决策机构，由 75%的行业企业专家和 25%的高校专家组成，其主要任务是根据上级教育和科技主管部门的要求，结合经济发展对人才的需求和本校使命、愿景制定本校发展思路。表 6-4 列举了苏州大学应用技术学院举办的历届应用技术教育教学指导委员会大会主题。

表 6-4   历届应用技术教育教学指导委员会大会主题一览表

届　次	主　题
第一届	服务园区发展，培养高素质应用型人才
第二届	强化校企合作育人机制，凸显能力为本创特色
第三届	错位发展，特色办学，创新校企合作新模式
第四届	搭建政产学研平台，多元化培养高素质应用型创新人才
第五届	深化校企合作融通，服务产业转型升级
第六届	全面提高人才培养质量，培养适应行业企业需求的高素质应用型人才
第七届	深化产教融合，服务创新驱动发展，创建应用技术大学转型升级新模式
第八届	深化产教融合、校企合作，建设特色鲜明的高水平应用技术大学

国家、江苏省和苏州市发布的有关高质量发展的文件中，鼓励和倡导高校、行业企业、科研院所等共同建设质量教育网络、健全质量人才教育和培养体系、培养质量管理专门人才。在苏州市质量管理协会的牵头下，苏州大学应用技术学院与其会员单位企业本着"优势互补、资源共享、共建多赢"的原则，深化产教融合、校企合作，共同开展了质量管理工程教改项目。该项目依托高校人才、技术优势和企业的市场、行业优势，使学生能够在掌握原有专业的基础上熟悉质量管理工程领域的基础理论、方法和工具。该项目致力于培养出既具备自身专业技术知识与技能，又兼具质量策划、质量控制和质量改进等质量管理领域的理论基础和实践能力的应用型、复合型专业人才，为区域经济社会高质量发展提供质量人才支撑。

为进一步完善质量管理体系建设与运行成效、平衡质量问责与赋能，苏州大学应用技术学院与苏州市质量管理协会建立了长期合作交流模式。苏州大学应用技术学院多次参与苏州市质量管理协会质量提升体验分享会，深入了解企业在质量管理方面的成功经验，为本校在高等教育领域深入实践卓越绩效模式、构建高效的质量保障体系、培养应用型本科人才方面提供借鉴和参考。

（二）开展专业评估

在高等教育不断改革和发展的时代背景下，专业作为高校培养人才的最基本单位，其建设水平直接关系到人才培养的质量。专业评估通过对各专业深入调查和研究，全面了解其发展现状和建设水平，进而挖掘优势和特色，明确存在的问题和不足。专业评估不仅有助于优化专业布局和资源配置，还为专业建设的决策提供科学依据。通过专业评估，苏州大学应用技术学院推进了教学改革，加强了专业内涵建设，提升了办学水平，从而确保教学质量和人才培养的质量。

1. 校内专业自评

按照国家"五位一体"评估体系建设要求，苏州大学应用技术学院建立了校内本科专业自我评估与动态优化调整机制。该机制也形成了对专业建设主体院系的压力倒逼机制，以促使专业建设主体院系突出专业内涵建设，提炼专业特色，提升专业建设水平和人才培养质量。苏州大学应用技术学院以五年为一个周期，陆续对本校所有专业进行自评，邀请校内外专家组成评估委员会，对标专业建设标准，评估各专业建设目标、人才培养方案、教学成果与学生学习收获及体验，以及支撑教学工作的相关资源等，并为专业发展战略提供指导性意见和建议。针对评估委员会报告中提出的每一项意见和建议，院系均需给予正式书面回复，并制定了解决、改善的方案。

2. 专业综合评估

专业综合评估是检验和展示高校办学实力和核心竞争力的系统性工作，事关高校的荣誉和未来发展。为进一步完善本校专业综合评估工作机制，苏州大学应用技术学院探索构建了学校、二级学院、系三级专业评估体系，充分发挥了评估在质量保障体系中的重要作用，如图6-6所示。

为确保专业综合评估工作更加规范化、制度化、系统化，苏州大学应用技术学院还出台了《苏州大学应用技术学院专业综合评估管理办法》，明确了专业综合评估工作的基本要求、组织机构及职责、实施程序以及支持与保障等内容，希望通过高质量的专业综合评估，推动本校专业建设高质量发展。

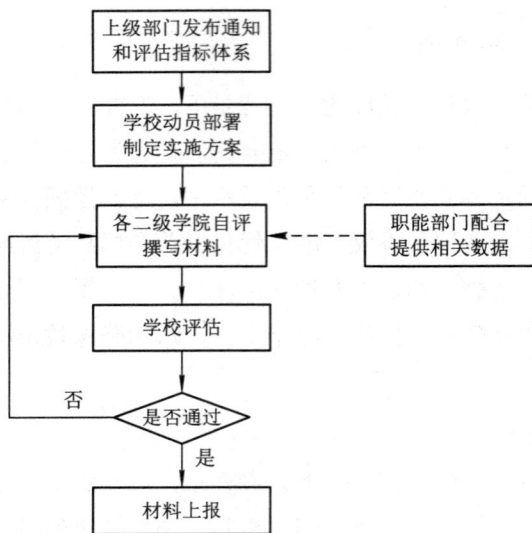

图 6-6   专业综合评估流程示意图

3. 新设专业评估

近几年，高校招生规模不断扩大，新设专业的数量也在不断增加。为了确保新设专业的办学条件，提高办学水平，引导高校加强内涵建设，创新人才培养机制，提高人才培养质量，江苏省教育厅自 2016 年开始便启动了对全省普通高等学校本科新设专业的评估。

苏州大学应用技术学院认真贯彻落实相关文件精神，积极组织相关专业参加评估。苏州大学应用技术学院的新设专业评估工作主要包括学校部署、二级学院自评、邀请专家评审、修改完善材料、学校审核上报等环节。首先，在教育厅公布当年应参加评估的新设专业名单后，学校教务处组织召开新设专业评估调度会，全面部署和动员评估工作。其次，二级学院根据文件要求组织参评专业，填报自评报告和状态数据表，同时准备相关材料。再次，二级学院组织校内外评审专家对参评专业的相关材料等进行论证和预评估，反馈评审意见，完善评估材料。最后，学校教务处审核材料并上报。

(三) 开展排名监测和对比分析标杆高校

1. 开展排名监测

很多教育机构都有针对国内外大学的排名，由此也产生了一系列的社会影响。其中，苏州大学应用技术学院比较关注的有软科中国大学排名、校友会中国大学排名、金平果中国大学排行榜、武书连中国大学排行榜等。

苏州大学应用技术学院密切关注在各类排行榜中本校的排名情况，并根据排名指标体系，对标同类高校，寻找产生差距的原因。

2. 对比分析标杆高校

近年来，苏州大学应用技术学院积极开展与标杆高校的对比分析工作，围绕现状背景、资源投入、过程质量和发展成效等指标数据，以 CIPP 模型(决策导向或改良导向评价模型)为基础，通过与江苏省内 23 所独立学院的各指标数据中均值、中位数、最大(最小)值等进行比较，分析本校在教育教学各指标上与标杆高校的优劣度，编制形成了《2023 年苏州大学应用技术学院教育发展监测报告》。

第三节　教学质量保障体系的建设成效

基于先进理念构建的教学质量保障体系有效保障和提升本校人才培养能力和人才培养质量，苏州大学应用技术学院教学质量保障体系在校内运行成效显著，在校外推广成果丰硕。

一、校内运行成效显著

(一) 立足平台建设，培养应用型创新人才

苏州大学应用技术学院通过导入卓越绩效模式的研究与实践，进一步明确并坚定了应用型本科高校的办学定位、办学目标和质量观，明确了当前环境下的发展战略和发展路径。

苏州大学应用技术学院紧扣长三角产业转型升级创新发展需求，构建了"政产学研用"一体化协同创新体系，形成了产教融合育人新范式。苏州大学应用技术学院建成了教育部 ICT 产教融合创新基地、"互联网＋中国制造 2025"创新基地等国家级平台，打造了省级国际服务外包人才培训基地、电子商务人才培训基地等特色实训平台，联合京东(昆山)智能产业园、中兴通讯、江苏旗袍会等行业领军企业或组织，共建了京东智能产业学院、中兴通讯电信学院、江

苏旗袍学院等特色产业学院。

立足平台建设，苏州大学应用技术学院全面贯彻落实党的教育方针，着力培养应用型创新人才。近年来，苏州大学应用技术学院学子在"互联网+"大学生创新创业大赛中不断崭露锋芒。2022 年，苏州大学应用技术学院获得 3 项"互联网+"大赛江苏省一等奖、4 项二等奖、3 项三等奖，打破了江苏省独立学院一直以来"互联网+"大赛省二等奖的历史。2023 年，苏州大学应用技术学院继续实现历史性突破，勇夺高教主赛道金奖 2 项，成为国家级金奖排行榜上荣获 2 枚及以上金奖的唯一的独立学院。2024 年，苏州大学应用技术学院在江苏大学生创新大赛(2024)中再获佳绩，荣获 2 项省级一等奖、1 项三等奖、6 项三等奖，连续第三年获得省级创新创业大赛一等奖。

(二) 发挥示范引领，培育高水平师资队伍

苏州大学应用技术学院坚持把师资队伍建设作为全校工作重点，牢固树立人才是第一资源理念，不断加大师资队伍建设力度，按照培养与引进相结合的原则，充分发挥示范引领作用，培育了适应高层次应用型人才培养需求的高水平师资队伍。

在学校教育教学发展目标指导下，苏州大学应用技术学院充分发挥基层教学组织和教师发展中心两级联动优势，坚持"以赛促教、以赛促学、以赛促研"，将组织青年教师参加教学竞赛纳入年度常态化工作之中，依靠资深教授和骨干教师，以"传、帮、带"模式，细心、精心指导青年教师们参加省级、国家级各项比赛，力求充分发挥教学竞赛的引领作用，助力青年教师专业化成长。近年来，本校教师在省级以上教学比赛中频频斩获佳绩，如在江苏省高校网络思政"金微课"征集评选活动中，荣获三等奖；第十三届"外教社杯"全国高校外语教学大赛江苏省赛区决赛一等奖，全国总决赛大学英语综合组二等奖，获得了学校大学英语教师参加历届教学大赛的最高奖项；江苏省高校思政课教学展示活动中，斩获省赛一等奖、二等奖；在第三届、第四届江苏省高校教师教学创新大赛中，均荣获团队一等奖、团队二等奖，实现了苏州大学应用技术学院在此项大赛上的历史性突破。

与此同时，苏州大学应用技术学院持续加强辅导员队伍建设力度，科学制定辅导员系统化、专业化、职业化培训方案，搭建辅导员学习、交流、研讨平台，不断夯实辅导员专业知识基础，锤炼辅导员核心职业能力。

苏州大学应用技术学院目前自有专任教师中，拥有教育部高职高专服装纺

织类教学指导委员会委员、省部级科学技术发明奖获得者、省部级科学技术奖评审专家等 10 余人；多名教师被聘为国家职业技能鉴定高级考评员，国家级、省级各类专业职业技能大赛的专家组成员或裁判组成员等；拥有江苏省青蓝工程优秀教学团队 1 个、江苏省青蓝工程中青年学术带头人 2 人、优秀青年骨干教师 13 人；江苏省紫金文化优青 1 人；苏州市优秀教学团队 6 个；24 人荣获昆山市重点高技能人才、紧缺产业人才、技术能手等称号。

(三) 树立质量品牌，打造特色质量文化

在教学质量保障体系下，苏州大学应用技术学院精心组织开展了多项质量管理活动，树立质量品牌，打造特色质量文化。这些活动包括面向全校每年开展适应高校自身的合理化建议活动、QC(Quality Control)小组活动和质量文化节活动。

近年来，苏州大学应用技术学院以合理化建议、QC 小组活动和质量文化节活动为重要抓手，持续深入实施卓越绩效模式，全面推进全员质量管理意识和持续改进理念。围绕发展战略和目标，苏州大学应用技术学院共征集合理化建议一百余项，立项 QC 小组活动项目四十余项，开展四届质量文化节主题活动。学校"精益求精 QC 小组"和"学以致用 QC 小组"分别荣获 2021 年、2022 年江苏省优秀质量管理小组称号，取得了高校探索实施质量管理小组的阶段性成果。

(四) 坚持持续改进，提高多方满意度

苏州大学应用技术学院通过开展学生评教、毕业生调查、就业质量分析、学生座谈、校友座谈、企业座谈、问卷调研、第三方调查等方式收集学生、用人单位等对教学、管理、服务的意见和建议，并持续调整和改进相关工作，不断修正培养环节和人才培养目标的偏差。

近年来，苏州大学应用技术学院学生评教每年的参评率都超过 90%，评教平均分都超过 90 分，表明学生对绝大多数课程的教学效果持满意态度。根据《苏州大学应用技术学院就业质量报告》统计，近三年用人单位对毕业生的总体满意度维持在 90%左右，由此可见，苏州大学应用技术学院专业设置及人才培养定位与社会需求相匹配，毕业生专业知识储备及能力素养能够胜任目前的工作要求，与用人单位的发展需求相契合。总体看来，学生对学校满意度较高，用人单位对毕业生认可度较高。

二、校外推广成果丰硕

苏州大学应用技术学院的教学质量保障体系因其理念先进、实践创新、成效显著受到了上级教育主管部门和国内同类型高校的高度认可，受到了合作行业企业的广泛认同和赞誉，得到了社会和媒体的广泛宣传和报道。苏州大学应用技术学院被江苏省教育厅推荐为 2019 年江苏省职业教育活动周唯一应用型高校"校企合作、产教融合"的典型和代表。内部质量保障体系荣获全国高校质量保障机构联盟(CIQA)主办的"全国不同类型高校质量保障体系优秀范例选树"二等奖；教育教学质量提升案例荣获"办学治校和教育教学质量提升案例"一等奖；校企合作案例入选 2022 年全国"校企合作 双百计划"典型案例提名；苏州大学应用技术学院校长傅菊芬受邀参加了 2021 中国质量协会年会教育质量提升论坛，并在 2023 中国质量协会年会暨第二届全球追求卓越大会的第三届教育质量提升论坛上进行了主题为《导入卓越绩效管理理念，全面提升人才培养质量》的演讲，得到了全国与会代表的高度认可和肯定。2022 年 3 月，《中国教育报》在两会特刊，以《苏州大学应用技术学院——用中华优秀传统文化铸魂育人》为题，报道了苏州大学应用技术学院充分发挥产教融合优势，在传统文化育人矩阵建设上所取得的成就。2024 年，苏州大学应用技术学院作为应用型本科高校代表，参与起草编写的我国首个教育领域的卓越绩效准则团体标准——《卓越绩效准则 教育组织》(T/CAQ 10119—2024)正式发布。

参 考 文 献

[1]　吴岩. 国际高等教育质量保障体系新视野[M]. 北京：教育科学出版社，2014.

[2]　丁晓昌. 高等教育质量保障体系研究[M]. 南京：江苏教育出版社，2008.

[3]　陈蓓. 理论与实践：地方本科院校教学质量保障体系研究[M]. 北京：北京工业大学出版社，2021.

[4]　陈建华，马虹，赵伟华，等. 地方高校校院两级本科教学质量保障体系的构建与实施[M]. 西安：西安电子科技大学出版社，2022.

[5]　中国质量协会. 全面质量管理[M]. 4 版. 北京：中国科学技术出版社，2018.

[6]　雷炜. 高等教育质量保障体系研究：以浙江省为例[M]. 杭州：浙江工商大学出版社，2020.

[7]　严欣平，王光明. 地方本科院校教学质量保障体系研究：以重庆科技学院为例[M]. 重庆：西南师范大学出版社，2016.

[8]　崔继峰. 我国全面质量管理的发展趋势及思考[J]. 上海质量，2022(08)：58-62.

[9]　赵海峰. 民办本科高校教学质量保障体系建设研究[D]. 厦门大学，2023.

[10]　宋晓洁. 民办本科高校教学质量保障体系研究[D]. 广西师范学院，2018.

[11]　何志强，李迪宏，张燕，等. 基于质量标准的民办高校教学质量保障体系构建：以广州商学院为例[J]. 高教学刊，2024，10(05)：62-65+72.

[12]　陈文贵. 高校内部教学质量保障体系的研究与构建[D]. 天津大学，2007.

[13]　陈宝琪. 高校教学质量保障体系建设初探：以广州新华学院为例[J]. 现代职业教育，2023(27)：77-80.

[14]　刘盼盼. 成果导向下我国本科教学质量保障体系研究[D]. 山东师范大学，2022.

[15]　曹大文. 教学质量保障体系及其建设[J]. 中国高教研究，2002(09)：49-50.

[16]　孙婳. 全面质量管理理论在高等教育质量管理中的应用[J]. 教育信息化论坛，2021(11)：59-60.

[17]　马云云，刘新平. 新时代教育评价理论的实践与探索[J]. 陕西教育(教学版)，2023(09)：70-72.

[18]　申天恩，斯蒂文·洛克. 论成果导向的教育理念[J]. 高校教育管理，2016，10(05)：47-51.

[19]　刘振天. 理论的力量何以可能：潘懋元高等教育学及其研究立场[J]. 山东高等教育，2015，3(02)：85-96+2.

[20]　余立. 略论高等教育管理学的理论基础[J]. 高等教育研究，1987(03)：12-16.

[21] 闻曙明，高雨. 中国近代高等教育管理理论架构基本思想[J]. 中国校外教育，2010(S1)：210-214.

[22] 闻曙明，高雨. 中国近代高等教育管理理论架构的理论和实践思考[J]. 学理论，2010(26)：215-217.

[23] 刘志忠. 高等教育理论再理论化：内涵、价值与策略[J]. 黑龙江高教研究，2023，41(12)：15-19.

[24] 罗勇. 高水平高职院校质量文化的建设路径研究[J]. 宁波职业技术学院学报，2023，27(05)：1-6+24.

[25] 李志义，黎青青. 高等教育质量文化的缘起与发展[J]. 高等工程教育研究，2023(06)：9-15.

[26] 靳光盈，轩凡林. 基于卓越绩效模式的高职院校质量文化建设路径初探[J]. 中国质量，2023(11)：15-18.

[27] 柴璐璐. 内部保障视角下高职院校教学质量文化构建探究[J]. 高教学刊，2023，9(04)：75-78.

[28] 袁力，刘欣，周泽. 探析质量制度文化在高职院校质量文化体系中的作用[J]. 现代职业教育，2022(40)：5-8.

[29] 胡宏亮. 法、英、美三国高等教育质量评估模式及对我国的启示[J]. 航海教育研究，2016，33(03)：31-36.

[30] 游佳. 法国高等教育质量保障模式及特性分析[J]. 天津中德应用技术大学学报，2020(04)：69-72.

[31] 江波. 法国高等教育质量评估：国际高等教育质量保障模式研究(三)[J]. 世界教育信息，2012，25(15)：51-52+55.

[32] 胡淼. 高等教育外部质量评估模式的发展趋势：来自法国的经验[J]. 比较教育研究，2012，34(07)：42-45+51.

[33] 高雪升，尹清华. 高等教育质量保障体系建设的国际比较及启示[J]. 淮阴工学院学报，2021，30(02)：74-80.

[34] 别敦荣，易梦春，李志义，等. 国际高等教育质量保障与评估发展趋势及其启示：基于 11 个国家(地区)高等教育质量保障体系的考察[J]. 中国高教研究，2018(11)：35-44.

[35] 宋伟新. 国际与中国高等教育质量保障的新进展与发展方向：基于"高等教育质量保障：国际经验与中国探索国际研讨会"的分析[J]. 教育探索，2016(12)：51-56.

[36] 成协设，HARM J. 荷兰高等教育质量保障体系的演变、特点及其启示[J]. 国家教育行政学院学报，2017(06)：90-94.

[37] 陈华仔，黄双柳. 美国高等教育外部质量保障体系的百年发展[J]. 现代教育管理，

2016(07)：61-65.

[38]　冯博文，王兴. 美国高校人才培养模式及其质量保障体系研究[J]. 机械职业教育，2024(01)：40-47.

[39]　刘膺博，MARTIN L. 英国高等教育质量保障制度：起源、演变与发展趋势[J]. 现代教育管理，2020(07)：116-122.

[40]　董垌希. 中外高校本科人才培养质量保障体系比较研究[D]. 中国地质大学(北京)，2013.

[41]　方乐. 国际高等教育质量保障改革发展及其启示[J]. 上海教育评估研究，2017,6(05)：56-61.

[42]　张欣. 我国地方本科院校教学质量保障体系研究[M]. 青岛：中国海洋大学出版社，2015.

[43]　叶林桢. 大众化背景下高校本科教学质量保障体系的理论与实践研究[D]. 南昌大学，2008.

[44]　周丽洁，杨勇. 地方本科高校教学质量保障体系的现状、问题与对策[J]. 中国成人教育，2019(22)：45-47.

[45]　韩冰. 地方应用型本科高校内部教学质量保障体系研究[D]. 河北科技大学，2023.

[46]　史楠凯. 高职院校内部质量保障体系建设研究[J]. 教育与职业，2020(23)：44-50.

[47]　宋海生. 普及化阶段我国高等教育质量保障体系的现状、问题与优化路径[J]. 当代教育论坛，2023(02)：40-48.

[48]　段亚茹. 我国高等教育普及化阶段质量保障体系优化[J]. 河南社会科学，2023,31(05)：116-124.

[49]　段涛，黄静. 新形势下高校内部教学质量保障体系建设路径与策略[J]. 科教导刊，2023(07)：34-36.

[50]　马秋阳. 我国高校本科教学审核评估现状及对策研究[D]. 湖南大学，2021.

[51]　李洁. 高校教学评估研究(1985-2015)[D]. 福建师范大学，2017.

[52]　刘振天. 现代高等教育评价体系建设：成效、经验及完善之路[J]. 社会科学战线，2021(03)：223-232.

[53]　路馨苑，程雅曦，刘大凯. 什么是好的大学排行榜？：基于全球 30 个大学排行榜的元评价[J]. 中国人民大学教育学刊，2023(05)：17-31.

[54]　李衡，李俊，汪雯. 地方高校本科专业评估探索与思考[J]. 教育教学论坛，2019(03)：14-16.

[55]　赵玉林. 高校教学督导工作运行论[M]. 武汉：武汉理工大学出版社，2004.

[56]　刘伟. 新建本科院校教学质量保障体系构建与教学管理创新[M]. 长春：吉林大学出版

社，2019.

[57]　刘振天. 从水平评估到审核评估:我国高校教学评估理论认知及实践探索[J]. 中国大学教学，2018(08)：4-11+25.

[58]　宋美萤. 地方高校教学督导队伍建设研究[D]. 西华师范大学，2022.

[59]　陈建超. 高等学校内部评估机制研究[D]. 福建师范大学，2011.

[60]　叶晓力，夏玲丽，蔡敬民. 高校本科教学督导的现状、问题与改进策略[J]. 中国考试，2024(03)：37-45.

[61]　施长君，张丽. 高校教学督导的属性、机制与路径优化[J]. 黑龙江教育(高教研究与评估)，2023(09)：19-23.

[62]　刘振天. 高校教学自我评估的价值、特征及实施策略[J]. 中国高等教育，2013(07)：42-45.

[63]　国宇，冯永，龚大龙. 高校内部教学质量监控评价体系的构建与实践[J]. 高教论坛，2024(01)：44-47.

[64]　郑觅. 高校内部质量保障：框架与措施：联合国教科文组织"IQA 项目"优秀案例述评[J]. 中国高教研究，2016(09)：17-22+76.

[65]　陈磊. 高校自我评估效能提升的路径探析[J]. 中国高等教育，2023(06)：50-52+56.

[66]　詹晶，杨勇. 关于本科教学自我评估机制的思考[J]. 黑龙江教育(高教研究与评估)，2014(11)：36-38.

[67]　周小理，戈君宇. 基于内外部结合的本科教学自我评估体系的创新与实践：以上海应用技术大学为例[J]. 上海教育评估研究，2018，7(03)：60-64.

[68]　王玮. 民办高校教学督导工作的困境及对策[J]. 黑龙江教育(高教研究与评估)，2020(10)：48-51.

[69]　张辉. 审核评估背景下地方本科高校自我评估的困境和对策[J]. 高教论坛,2023(04)：58-60.

[70]　白菁，甄真. 审核评估对高校自我评估的新启示[J]. 教育教学论坛，2020 (13)：82-83.

[71]　贠禄，杨红梅，胡玉丽. 以自我评估为核心的应用型高校教学质量保障体系的构建[J]. 梧州学院学报，2022，32(02)：66-72.

[72]　刘慧，侯琛. 应用型本科高校内部质量保障体系研究[J]. 科教导刊，2023 (14)：4-6.

[73]　王超峰. 应用型本科高校卓越绩效模式实践[J]. 中国质量，2023(05)：9-12.